无畏演讲

7步克服演讲恐惧

[美] 迈克·阿克（Mike Acker）著　张淼 译

SPEAK WITH NO FEAR

Go from a nervous, nauseated, and sweaty speaker to an excited, energized, and passionate presenter

U0275143

清华大学出版社

北京

北京市版权局著作权合同登记号 图字：01-2023-2118

SPEAK with NO FEAR：Go from a nervous, nauseated, and sweaty speaker to an excited, energized, and passionate presenter
EISBN：978-1-7339800-0-5

Original English language edition Copyright © 2019 by Mike Acker. Simplified Chinese Characters-language edition Copyright © 2023 by Tsinghua University Press Limited. All rights reserved. Copyright licensed by Waterside Productions, Inc., arranged with Andrew Nurnberg Associates International Limited.

图书在版编目（CIP）数据

无畏演讲：7步克服演讲恐惧 / (美) 迈克·阿克 (Mike Acker) 著；张淼译. —北京：清华大学出版社，2023.4
ISBN 978-7-302-63247-4

Ⅰ. ①无… Ⅱ. ①迈… ②张… Ⅲ. ①演讲—语言艺术 Ⅳ. ①H019

中国国家版本馆CIP数据核字(2023)第075877号

责任编辑：顾 强
装帧设计：方加青
责任校对：王荣静
责任印制：沈 露

出版发行：清华大学出版社
 网 址：http://www.tup.com.cn，http://www.wqbook.com
 地 址：北京清华大学学研大厦A座 邮 编：100084
 社 总 机：010-83470000 邮 购：010-62786544
 投稿与读者服务：010-62776969，c-service@tup.tsinghua.edu.cn
 质 量 反 馈：010-62772015，zhiliang@tup.tsinghua.edu.cn
印 装 者：艺通印刷（天津）有限公司
经 销：全国新华书店
开 本：130mm×185mm 印 张：5.75 字 数：79千字
版 次：2023 年 5 月第 1 版 印 次：2023 年 5 月第 1 次印刷
定 价：59.00 元

产品编号：098596-01

引 言

不只有你会这样

　　那时我正在上七年级。青春期的我个头猛长，满脸痘痘，张口就是一副"公鸭嗓"。父母带着我移居到了墨西哥，我被迫来到这个新国家里的一所新学校读书。在学校里，我是一个外来者，在墨西哥，我是一个外国人。

　　第一次上台演讲的那一天终于来了。老师把我喊到讲台前，所有的目光都集中在了我身上。当时，我的内心充满了不安、怀疑和恐惧。要对着全班其余 40 名同学讲话，我紧张得要命。演讲一开始，笑声也随之而来。我一个人站在那里，40 个十几岁的孩子朝着我"咯咯"笑。我飞快地说着，把一场原本"还可以"的演讲说得糟糕透顶。

　　终于，一切都结束了。我在别人的嘲笑和议论中度过了那天剩下的时间。我跑回了家（我家住在 3 个街区①外）。

---

① 街区：城市街区通常是以四条街道为边围成的区域。

恐惧控制了我，导致我第二天生病了，不过这样就可以不用上学了——我再也不想上学了。

你毋需害怕

我猜，你买这本书是因为你**害怕**。也许你将要在一场活动上发表演讲，或者你的工作或学校要求你经常在人们面前讲话。每当发生这种情况时，你的胃就会下垂，你会开始出汗，然后想要呕吐。

我了解这种感觉。

你不必再害怕了，这本书可以帮助你。在本书中，你将学到 7 条演讲策略，从今天起就可以开始实践它们。这些策略会带给你一种全新的视角，会帮你做好准备，会为你提供练习的方法。当你采纳这些策略时，恐惧就会开始消退。

我怎么会知道？因为我亲身实践过这些策略。在后来的这些年里，我接受了广泛的教育，在沟通方面也获得了丰富的经验。我还创办了一家名为 ADVANCE 的公司，每周会与 20 名客户一起工作，提升他们的演讲技巧。他们正在克服恐惧，或者已经学会如何克服恐惧。你也可以做到！

　　我理解你现在的感受，我向你保证，我可以帮助你克服恐惧。

　　我知道紧张、担心、出汗和焦虑是什么感觉。不只有你会这样。今天，一段新的征程在向你招手致意。你**现在**就可以开启克服恐惧的旅程。

　　或许你正在学习沟通，想磨炼沟通技能；或许你已经知道如何克服恐惧；或许你只是想更好地调控自己的焦虑和紧张。这本书将帮助你培养这种能力。

　　或许你已经有一段时间没有在他人面前讲话了，你想重新成为众人眼中的焦点。

　　我每周都和各种各样渴望变得更好的客户一起工作。我相信你也在努力改进，我为你迈出的这一步鼓掌。如果你是演讲新手，或者只是想打磨已有的演讲技巧，那么你可以将这 7 条策略收入囊中。

　　最终，这本书会对你有所帮助。你可以采取这 7 条策略，马上开始克服恐惧。然而，这本书所做的不仅仅是告诉你可以采取的行动，它还将帮助你理解演讲这件事，并培养一种新的心态。

　　不论你现在的情况如何，我都能理解。过去，即便只是站在一小群人面前，我也常常会大汗淋漓，感到紧张、恶心；现在，我有时会在活动中对着3000多人发表演讲，主持领导力研讨会，在超大型教会活动上对几千人发表演讲，吸引了无数儿童和青年听众，在各种规模的教会里和更多的活动中发表演讲。

我的承诺

我保证你能做到毫无畏惧地演讲。

你现在如此并不代表你只能如此。

不要再等了。从等一天变成了等一周，变成了等一个月，变成了等一年，变成了等十年，最终变成了等一生。当你和恐惧这个老对手较量时，不要让生命从你身边匆匆溜走。做点什么吧。

今天就开始行动吧。开始阅读，开始学习这些策略。现在就开始。

勇敢不是毫不畏惧，而是驾驭了恐惧。

——马克·吐温

目　录

我们相信自己是什么样的人，我们就会是什么样的人。

——C.S. 刘易斯

在开始之前：
要先相信你可以

欢迎你开始阅读这本书的演讲策略。我不会阻止你采取行动，但请答应我，你不会怀疑自己的能力。

怀疑会使你无法认真看待这些策略，怀疑会消磨信心。怀疑会使真理看起来像谎言，怀疑会助长你的恐惧，让你做更多演讲的噩梦。所以你必须放下怀疑，开始相信自己。

你现在这样并不代表你只能做到这样。

我的简介中也提到了这句话。你相信这句话吗？你相信自己吗？至少你是部分相信的，否则你就不会拿起这本书了！让我们以这个信念为基础，放下手里的事情，轻声说出经典故事《勇敢的小火车头》（*The Little Engine that Could*）中那句经典的话："我想我能做到。我想我能做到。我想我能做到。"

你在挣扎吗？你是否发现自己总是沉浸在消极的想法中？"这对我没用""我不是一个好的演讲者""我是个内向的人，我就是做不到""我过去试过，但没有用"。

如果你正努力去相信，那么你愿意在阅读这本书的时候暂时放下怀疑吗？

请以相信者，而非怀疑者的身份阅读这本书。教育通常会教你批判性地去思考，在工作和学习中保持这种心态。但本书需要你以一种愿意接受的态度去思考，把消极转换成积极的心态。好好想想你自己，相信自己，

你现在这样并**不**代表你只能做到这样。

我曾经将这句话变为现实。我也能帮你实现它。这就是为什么我创办了 ADVANCE 教练与咨询公司。我会帮助人们向前迈出一步，这样大家就可以推进自己的目标、业务、技能、事业和生活。我想帮助你。而**相信**就是第一步。

　　我相信你。你可以把演讲的噩梦变成实现梦想道路上的铺路石。

我的演讲噩梦

　　想象（或者回忆）以下的某一个场景：有人请你为一场婚礼致祝酒词；有人请你就你的专业领域做一场报告；你的公司已经发展壮大，你想提出一个点子来获得额外的资金；你需要做一次演讲或报告。然后发生了什么？你很紧张；你的手心开始不停地冒汗，你开始感到忐忑不安和心慌，你想吐，焦虑导致你不停地胡言乱语。你希望自己能停下来，然后逃走；但你不能，此刻你必须站在众人面前说话。

　　如果你即将发表一场演讲，那么你将被迫面对美国人最恐惧的一件事（恐惧程度甚至超过死亡）。是的，你没看错，在美国，公开演讲常常被列为最令人恐惧的一件事。宁愿去死也不愿在人前演讲！这种感觉你能体会吗？

如果你一想到公开演讲就感到恐惧、焦虑和紧张，那么要知道，并不只有你会这样，你有成百上千甚至上百万个伙伴。每天我都会帮助其中一些人克服这种恐惧。

你不必永远这般恐惧。真的不必。

我相信你。你**能**战胜恐惧！

我能帮助你。我无法消除你的恐惧，但我能帮助你理解恐惧，为你提供建议和技巧来缓解你的恐惧。这种恐惧可以被转化为适当的能量，我能教你怎么做。这就是我的工作。

别再继续等待，又把这件事拖到明天去做。就在今天！别再推迟了。如果放任恐惧不管，它只会恶化，最终变成噩梦。

上初中和高中时，每次我在同学面前讲话都会被取笑，嘲笑我的讲台表现成了大家的共同话题。当每月班上被分配到做报告的任务时，我都不得不在那种熟悉的恐惧感中苦苦挣扎。但后来我越来越能面对公开演讲时的恐惧。随着时间的推移，我学会了如何控制恐惧，但每次演讲时仍然能感到恐惧一直伴随着我。

在学校之外，高中期间我曾有机会在一场宴会上发言。我有一些不错的想法想和大家分享，但当说出来后，反响很差。虽然当时我是想向另一个人表达敬意，但最后的发言内容似乎只关注了自己。后来，我母亲把我拉到一边，训斥了我。因为我把自己抬得那么高，她感到很尴尬。但我的本意不是想吹嘘自己！我是在向别人致敬。可是，我的发言搞砸了，我觉得很丢脸。如今已经过去二十多年，但每每想到那次发言我仍然会感到尴尬。

这些消极的经历在我的内心留下了阴影。在那次宴会之后，有一次我又有机会可以在别人面前发言，当时我感到非常慌张。"如果我又搞砸了怎么办？如果我觉得很尴尬怎么办？我妈妈会怎么想？我应该闭嘴。我应该逃跑。我应该装病。我应该搬到澳大利亚去。我应该做一个沉默的修道士。是的，我更适合成为一个修道士。"我的确这么做了。后来我搬到了澳大利亚，成为一名修道士。我再也不用和别人说话了……

这当然不是真的，人生不该这样。你不能逃避公开演讲；在生命中的某个时刻，你需要在公司、学校、婚礼、追悼会、派对、面试或者上百种不同场合中发表演讲；你需要站在人们面前，所以你不妨学习一下如何毫不畏惧地在人们面前讲话。我就是这么做的。我逐渐学会了控制自己的情绪，学会了如何利用自己的个性、如何转移注意力，以及如何利用恐惧。我开始相信自己。

我真正学会了如何缓解恐惧，扭转局势。如果要问我还有什么愿望，我希望能再早些踏上这段旅程。不要再拖延了。从今天开始，相信你自己。

加里的信念改变了我的人生

上大学时，我上了第一节公众演讲课，这是我就读大学的小课。我站在人们面前，内心的恐惧和兴奋（一枚硬币的两面）在交战。虽然高中毕业以后，我的演讲能力有所提高，恐惧感有所减轻。但同时，我曾经在其他观众面前做过失败的演讲，所以我还是会再次回想起过去那些恐慌的时刻。

当我在班上做演讲时，整体还算风平浪静，但也没有鼓舞到我的听众。我想，应该是我内心交战的这两种情绪打了个平手。

这次演讲结束后，教授加里邀请我加入大学的辩论队，我拒绝了他。在那之后的几个月里，他一直在劝说我。他相信，如果我克服了不安、弱点和恐惧，我就能做得很好。他相信我。他曾帮助好几百人克服恐惧，学习公开演讲的技巧，由此他们就能在职业生涯中更上一层楼。他让我深刻地认识到，学会如何在别人面前讲话非常重要。

现在，让我来帮助你吧。你能克服不安。过去的失败并不会决定你的现在，你的弱点不一定会决定你的工作表现，你的恐惧可以得到缓解。正如加里相信我一样，我也相信你。

随着你逐渐掌握这种公开演讲的技巧，你会在职业生涯中表现得更好，不要忽视提高演讲技巧的价值。著名投资者沃伦·巴菲特（Warren Buffet）把他的成功部分归功于年轻时上的演讲课。你说得越好，做得也会越好。此刻你所采取的每一个小行动都会在未来转化为伟大的壮举。

加里·吉莱斯皮（Gary Gillespie）教授让我相信，如果我加入他的巡回辩论和演讲团队，他能为我做一些很棒的事情。他向我保证我不会一直是个演讲新手，他希望我加入他的团队。

（后来，我意识到优秀的大四学长即将毕业，而辩论队急需新成员，但我当时并不知道！）

最终，我相信了他。我开始想象自己不再是一个糟糕的、马马虎虎的，或只是一个还可以的演讲者。我开始相信我会变得很棒。

你不必像今天这样紧张，不必害怕或没有安全感。你可以变得很棒。

你或许会说："迈克（Mike），我要跳到行动的部分了。"

不要跳过接下来的内容。克服恐惧最重要的一环就是**相信**。阅读这本书将帮助你相信自己，相信自己有能力克服焦虑、紧张和恐惧。

相信你可以

你看过《夺宝奇兵》（*Raiders of the Lost Ark*）吗？在一幕场景中，演员哈里森·福特（Harrison Ford）必须跨过一个深坑。如果他掉下去，就会万劫不复。出于一种强烈的探索欲，他伸出了一只脚，相信自己能以某种方式跨过去。当他带着信念跨出去时，他的脚仿佛踩在了一座看不见却非常坚固的桥上。是信念让他不断前进。

鼓起勇气向前走，相信你能受益匪浅。你能做到，你**会**做到的。每当你这样做时，你就会变得更好。

我向你保证，如果我和你面对面交谈，我会看着你的眼睛对你说："你能做到。"

记住，马克·吐温（Mark Twain）说过："勇敢不是毫不畏惧，而是驾驭了恐惧。"

从青涩少年到演说家

2016 年 9 月 23 日，一场惨剧使我们斯卡吉特县的一个社区团结在了一起。一名罪犯进入距离我家不到一英里^①的一个商场，枪杀了 5 个人。整个社区震惊了，然后迅速团结起来互相支持。3 天后，我们在发生暴力事件的商场外组织了守夜活动。我与市长、一位著名的牧师、警察局长和其他社区领导者一起努力，想要恢复城镇往日的安宁。

守夜的消息传出去了。9 月 26 日，我们的活动"点亮大道"吸引了成百上千的人。志愿者队伍扩大了封锁区，以容纳越来越多的观众。人们带来了大大小小、各式各样的蜡烛。警察局长正在与来自邻近城镇的两名警察局长交谈。

他招呼我过去，对我说："我在斯卡吉特县从没见过这样的活动。"

我好奇地问他："现在这里有多少人？"灯光已经熄

---

①　1 英里：约 1.6 千米。

灭了，不可能去计算人数了，甚至连相机都没能把挤进警戒线封锁的停车场里的人全部拍下来。

3 位警察局长面面相觑，四处打量空间估算着人数，他们对我说："这里至少有 3 000 人。"

至少 3 000 人。

大约 20 年前，当我站在那里和少年们讲话时，他们会毫不留情地取笑我。如今，我即将走上讲台，面向 3 000 多人讲述希望。

轮到我上台演讲了。舞台召唤着我向前。所有的目光都聚焦在我身上，但我的内心不再感到不安、怀疑和恐惧。当我站在那里面向 3 000 多位邻居演讲时，我的紧张瞬间转化为了能量。随着我的演讲开始，大家也开始点头。3 000 多人举着蜡烛站在那里，听我说话，并表示赞同。我并不孤单，我不必着急；相反，我可以自信从容地去表达。这场演讲将人们从黑暗的深渊带向光明。

你也可以踏上这段旅程，你再也不必感到害怕了。这就是生活的模样。开始相信这个真理吧。你能学会享受做报告、销售、教课、讲故事以及在公开场合演讲的乐趣。那些我在生活中运用过的策略，你同样可以运用。

这些策略并不神奇，却能创造奇迹。如果你现在采取行动并完成任务，你就会体验到这份成果。如果你鼓起勇气，相信自己，你将会看到自己所做的一切如何创造出奇迹。

　　如果你换一种思考角度，花时间做准备、练习，那么我向你保证，你一定会克服对公开演讲的恐惧。

未经审视的人生不值得度过。

——苏格拉底

策略 1:
露出并清理伤口

在过去 18 年的职业生涯中,我辅导过好几百人。对于大多数人(并非所有人)而言,公开演讲会让他们感到紧张的背后都是有原因的。

他们都有自己的故事。下面我将继续讲述我的故事。

刚上大学时,我了解到在西雅图有一项迫切的社会需求(无家可归问题),那里距离我就读的一所大学只有 15 分钟的路程。我做了调查,并把这件事告诉了校长。与校长一对一交流的时候,我的表达非常具有说服力,我对校长说,我们可以通过与当地收容所合作,为解决紧迫的无家可归问题提供财力和人力援助。校长邀请我在学校里做一场简短的演讲(那是在我加入学校的辩论队之前，那个辩论队全国知名）。

当我受邀演讲时，尽管我很害怕接受几百位同学的审视，但仍然很兴奋地与他们分享了这个让我满怀热情的项目。

当受邀为一个活动或一个让你感到兴奋的话题演讲时，你有什么感觉？也许是婚礼上的祝酒词，也许是你的公司想要采纳你的建议，或者你的员工已经为你工作了 20 年，你想在全公司面前表彰他们，或许你的项目获得了关注，你有机会面对大学里的所有人进行演讲。

在我多年辅导客户进行公开演讲的过程中，以上每一种情况都出现过。作为伴郎，爱德华多想说出一段非常棒的祝酒词，但他感到既紧张又混乱；马修的老板想多听听马修对公司的建议；乔纳森的员工为乔纳森工作了很长时间，他必须做点什么来表彰员工做出的贡献；法拉研发出一款鼓舞人心的产品，这让她有机会在一所著名大学对着几百人做演讲。

他们是真实存在的人，出于真实的原因怀着真实的恐惧。他们每个人都有自己的故事。你的故事是什么样的？你为什么要读这本书？你可能会想跳过这一部分，我也会，我想要先说一些可以真正付诸行动的"实际操作"策略。但如果我这样做了，那只不过是在内部受到感染的伤口上贴上了一张创可贴，只是做表面文章而已，并没有实质性功效。

伤口和小心翼翼的妈妈们

我小时候很贪玩。对于我来说，膝盖被划伤了，然后重新站起来更起劲地玩很正常。我是个胆子很大的人，我是个探险者，我很疯狂。

每次我弄伤自己，我妈妈后来都会看到我在触碰自己的膝盖、手肘或其他疼痛的地方。"迈克！这里感染了！"从小到大，这句话我不知道听过多少次。太多次了！我妈妈会跳起来拿来急救箱，会把我拖到浴室，细致地清洗我的伤口。她毫不留情，坚持要把所有的脏东西用水冲掉，并给伤口消毒。有时，她会一边冲洗，一边责备我的不小心，告诉我生锈的金属或肮脏的街道有多危险。在她查看或处理过伤口之后，她才会给我涂抗生素软膏，最后贴上创可贴。

你可能认为我会学乖，但我没有。我一直不断地弄伤自己，并试图摆脱这些。

许多人会忽视自己的痛苦，逃避受到的伤害，我常常会看到这种情况。人们偷偷地一瘸一拐走路，包着被血渗透的绷带，或者用化妆来掩盖伤口。有些人伤得非常重，如果你靠近他们，这些伤口会让他们做出歇斯底里的反应。这本书不是在为人际关系、失败和焦虑提供咨询建议，否则我们会需要用几百页的篇幅来深入探讨这个问题。请意识到这种行为是不健康的。如果你总是做出消极的反应或避开其他人，那么去找一个像我妈妈这样的人，去找一个能露出你的伤口、探查你的伤痛并能帮你排出毒素的人。你可以拜访一位咨询师，加入一个悲伤小组，写有目的的日记，或者找一个很棒的教会。别带着伤走来走去。因为你非常重要。

就像我们会掩盖情感上的创伤一样，我们也会掩盖过去在公开演讲方面受到的创伤。

我的演讲创伤

本书介绍了我现在在演讲课程的第一课教授的 7 种策略。下面这个故事发生在我认识这些客户之前。现在，我的演讲课程包含 15 个模块，我会与客户一起实践这些模块，以提高他们的公众演讲能力。这个故事发生在我还没能总结出这些模块和使用它们的时候。当时，我的演讲很糟糕。

当我的大学校长邀请我做演讲时，我感到很紧张，既兴奋又害怕。是的，我渴望成为一个外向者（不过没有大多数人想象中那么外向）。我甚至有过一些小型公开演讲的经验。这一次，活动的规模更大，几百个和我年龄差不多的人聚集在同一个空间里！

校长邀请我上台的那一刻，我更加紧张了。我跳起来，冲上讲台。我只知道世界上最坏的几百个人想要嘲笑我。我开始说话，但始终沉浸在手写的笔记中。我在慌乱中增加了一些词汇，想使演讲的内容变得更好。仓促的即兴发挥变成了一些漫无边际的片段。我发誓，房间变得越来越暗，照在我身上的光却变得越来越亮。我开始出汗，而且语速更快了。我身体里的一切都在尖叫："我只想结束。"

恐惧笼罩着我。

校长温柔地把手放在了我的肩膀上，我带着吃惊的表情看向他。他和蔼地笑着打断我说："迈克，谢谢你和我们分享这一切。"当我意识到他打断了我的讲话时，我的内心感到既尴尬又轻松。我搞砸了，他知道。我不情愿地接受了这种打断并立刻逃离舞台赶紧离开公众视野。校长解释了我的观点，并邀请大家一起讨论。

我再也不想做演讲了。

你的感觉是不是如此？你的故事是什么样的？

我经常会听说一些事情，比如高中的演讲出了错、孩子们被家长的提问难倒、销售员推销失败。令人惊讶的是，某些糟糕的经历会深深地刻在我们的脑海中，并停留在潜意识层面上。

回到我之前关于伤口的比喻。不论你如何用绷带、衣服或化妆品遮住被感染的伤口，伤口还是在那里。为了走出伤痛，你需要先清理伤口。

威廉克服了他的恐惧，你也能

露出并清理你的伤口是一个行之有效的策略。当你运用这个策略时，它就会起作用。威廉在治愈自己过往演讲创伤的过程中发现了惊人的效果。当我们一起工作时，我了解了他对做陈述的恐惧。年幼时，他在小学里有过一段消极的经历，让他极度尴尬，泪流满面。当时，他站在朋友和同学面前做一段简短的陈述。他开始说话，但说得结结巴巴。他满脸尴尬，脸涨得通红，东拉西扯地想把话说清楚。他的老师没有像我的校长那样站出来解救他，于是他开始说得更快了，全班都笑了起来。他的额头上冒出了一层密密的汗珠，手心里都是汗。威廉的内心充满震惊、恐惧和害怕。最后，他的老师让他走下了讲台。

他的经历给他造成了创伤。长大后，威廉惊讶地发现，当他站在人群面前时，童年的经历让他时时刻刻感到焦虑。我们探究了伤痛，重新审视了当时的情况，现在他有了对抗焦虑的意识。

于是，威廉曾经的伤痛再也不会继续在潜意识层面给他设限。

当过去的痛苦不再对你设限时，现在的恐惧就会真正开始得以缓解。

我的许多客户都是通过露出和清理伤口来摆脱恐惧的。有些客户一开始对此不屑一顾，但后来他们告诉我，他们选择了开始写日记或者去看咨询师。当他们采取行动时，他们也体验到了自由。

露出你的伤口

在你继续了解另外 6 条策略之前，花点时间露出你的伤口。问自己这些问题，找到令你感到紧张的根源：

- 你是否曾在众人面前感到尴尬？当时发生了什么？
- 你是否曾在毫无准备的情况下陷入难堪的境地？结果如何？
- 你是否记得有很多人取笑过你？
- 你在哪些方面辜负了自己的期望？
- 你为什么这么在意别人对你的看法？
- 你人生中最丢脸的时刻是何时（比如人们注意到你犯的一个错误、你的一次失败或让你感到没有安全感的一个弱点）？

你害怕的根源是什么？这些问题会在下面的行动部分再次出现。用这些问题作为引子深入挖掘，找出令你缺乏安全感、准备不充分的地方，听过的不友善的话语、丢脸的时刻，以及埋藏在内心深处的其他东西。

这是实施第一条策略的开端——露出伤口。如果你不这样做，那么每一次糟糕的经历都会叠加在一起，导致你的恐惧加剧。同时，每一次成功的经历似乎都会让你忘记伤痛。你的成功会让你误以为伤口已经不存在了。忽视你的伤痛就相当于用一层又一层昂贵的漂亮衣服把伤口隐藏起来。问题是当伤口被撞到时，血和脓就会流出来。

还记得我对我妈妈隐瞒的手肘上的伤口吗？我偶尔会穿上白色长袖衬衫和帅气的夹克。衣服遮住了伤口，直到我的手肘撞到了坚硬的东西，让我疼痛不已。因为我没有处理伤口，血迹染红了我的衣服。

不要因为忽视过去的伤痛而毁掉未来的成功。

露出伤口。我妈妈要来将它冲洗干净了。

伤疤很酷，被感染的伤口则不

我在童年时期留下了很多伤疤，脚踝上有一块直径约 2.5 厘米的圆形伤疤，那是一块冲浪板的鳍割掉了那里的一块肉。当时伤口很痛。哈！这么说太轻描淡写了！当我看到血和沙子、盐水混到一起时，我很惊慌，吓坏了。爷爷看到我在尖叫，连忙跑过来抱起我，匆忙赶去医院。医生把嵌进伤口的沙子洗了出来，整个过程非常痛。清洗伤口的过程让我感到恶心，但我一直在看。

医生们非常专业地清理和治疗了我的伤口。因为他们清洗了那道很深的伤口，所以它没有感染。伤口愈合得很好。它会发痒，但不痛。如今，它变成了一道很酷的伤疤，背后是一个有趣的故事。当过去被治愈时，古老的伤疤就变成了一段不痛的记忆。你可以不带有负面情绪地讲述这个故事。

你是怎么把你的伤口变成很酷的伤疤的？仅仅露出伤口是不够的。"看看这个又痛又恶心的伤口！哇！情况真的很糟糕！"不。你必须超越揭开这一步，进一步把它清理干净。

如何清理演讲的创伤？要学会重新理解伤痛。透过糟糕的部分，发现其中好的一面。

- 你的演讲创伤给你带来了什么后果？
- 你那糟糕经历给你带来了什么好的影响吗？
- 你的负面经历是否决定了你这个人的界限？
- 想象一下观众眼里的你，你会对过去的自己说些什么？
- 这段回忆带给你的痛苦减轻了吗？

我和我的妻子曾经历了4年的不孕。我们非常想要孩子，但发现怀孕对我们来说非常困难。尽管我们意识到了这一点，但当朋友询问时，我们总是会说我俩还没准备好，或者我们想先去旅行，或给出其他虚假的理由。我们一直在掩盖伤口。最后，我们再也掩盖不下去了。医生告诉了我们真相，揭开了我们勉强掩盖起来的伤口。从医生那里听到真相后，我们感到既痛苦又如释重负。

我们决定不再假装一切都很好，然后把这个事实告诉了朋友们。我们哭了，并分享了彼此内心的感受。我们开始清理伤口，暴露内心的伤痛，然后展开治愈性的谈话。

在花了很多钱，经历了临床治疗带来的情绪过山车之后，我们有了第一个儿子！他现在快 4 岁了。不孕不育是一个痛苦的伤口，但我们始终坚持着清洗它。我们发现，通过袒露自己的感受和脆弱，我们建立了一些非常美妙的友谊。我们带给了别人希望，鼓舞了家人、朋友，还有其他很多人。

我们从糟糕的事情中发现了它好的一面。

露出伤口。不要假装它不存在。回顾过去，重温那些尴尬、羞愧、失败和恐惧。

现在，走进回忆，把伤口清理干净。把坏的部分清理掉，发现好的部分。

当你露出伤口并进行清理时，你会看到痛苦的伤口变成一个干净的痂，最终，它会变成一道很酷的伤疤。

行动：自我疏导

行动起来，让自己恢复健康。应该怎么做呢？我建议你在以下 3 项行动中选择其一：

（1）把你的伤痛写下来。

（2）找一位咨询师。

（3）把你的故事写成一篇演讲稿。

行动一：把你的伤痛写下来

在我 20 多岁的时候，青少年时期隐藏的创伤浮出了水面。一位睿智的女士建议我把自己的负面经历写下来，她说这将帮助我面对自己经历过的剧变。起初，我嗤之以鼻。毕竟这并不是什么大事，我也没有那么多事情可写。

后来有一天，我抱着将信将疑的态度，在一家咖啡馆坐下来，开始打字。3 个小时后，我哭了出来，差点大声咒骂，最终我体验到了内心的平静。我深入探究了自己的伤痛，写下了长达5页的经历来清除毒素。是的，这有些极端了。也许你只需要写一段、一页，也或者像我一样，你会写满5页。治愈的关键在于：重温让你感到害怕的感觉。

用这些问题来揭开伤口：

- 你是否曾在众人面前感到尴尬？当时发生了什么？
- 你是否曾在毫无准备的情况下陷入难堪的境地？结果如何？
- 你是否记得有很多人取笑过你？
- 你在哪些方面辜负了自己的期望？
- 你为什么这么在意别人对你的看法？
- 你人生中最丢脸的时刻是何时？

行动二：找一位咨询师

如果伤痛很深，那么你可以去找一位咨询师，或者参加一个可以讨论这些事情的小组。

在面对人生中的某些方面时，我就不得不这样做，因为我在九年级时曾被骚扰、欺凌和殴打。一些人的言行在我身上留下了很深的烙印，我隐藏了很多年。幸亏我最终还是去找了一位心理咨询师，他帮我卸下了这个沉重的包袱。虽然这段经历与公开演讲无关，但这样做确实帮助我接纳了自己，从而增强了自信。

行动三：把你的故事写成一篇演讲稿

把你的故事写成一篇演讲稿，然后把它交给你自己，或是一些朋友，或是一个更大的群体。这项行动把露出并清理伤口以及提高演讲能力结合在了一起。你需要揭开伤口才能把它写下来，随着你发现自己从中学到了什么，写下来的过程就会变成治愈伤口的良药。

采用简单的演讲结构，例如：引言、3 个要点以及结论。

引言是为导致你害怕演讲的 3 个故事做好铺垫；3 个要点是发生在你身上的 3 个故事和你的感受；结论是

你要如何继续前进，不让过去定义你的未来。演讲的结尾会成为你想要传授给别人的一课。

自我疏导，让自己恢复健康

　　如果伤口很深，那么继续用一种或多种方法来露出并清理它，再将它完全暴露在阳光下。例如，如果你的父母曾经贬低你，说你一无是处，嘲笑你小时候的表现，那么你现在对公开演讲的恐惧就很深了。要花点时间才能解开这个心结。

　　不管伤口有多深或多浅，我们都要行动起来，露出它并将它清理干净。

有一件事可以让你成为乐观主义者，那就是当一切都变得一团糟时，你有一个应急计划。

———兰迪·波许

策略 2：

设想最糟糕的情况

你想听我曾经调侃一位女性观众年纪大的糗事吗？

2006 年，华盛顿州斯坦伍德市（Stanwood）的一个教会邀请我做他们的牧师。我感到很荣幸，但我也不知道自己都在做些什么。公开演讲已经成为我生活中重要的一部分，但我的听众一直是孩子和青少年。现在，我要面对一个全都是专业人士的教会发表演讲，听众里有教师、医生、企业主和其他成年人。

一个星期天，我讲了一个故事，讲的是上一个星期我们的客座演讲者把教会的一位女士错当成了我的妻子……是的，在布道时提到这个故事真是太愚蠢了。但这还不是最糟糕的部分。后来我随口说道："因为我确实喜欢年龄是我两倍大的女人。"

我倒吸了一口凉气。

观众席响起嘘声。我刚刚把一位了不起的女士（还不到 50 岁）说得很老。血液涌上了我的脸颊，我的脸红得像番茄一样，终于，我张开了结巴的嘴，试图纠正这个错误。最后，那位女士的丈夫和蔼地在空中挥了挥手，对我说道："迈克，继续往下说吧。"

在那之后的 10 年里，我一直忘不了这件事。但事情还没完：

我曾经在一个营地教了 90 分钟的课，却没有意识到人们感到很无聊。

我曾经主持过一场研讨会，把一些人说睡着了。

我曾经一边指着屏幕，一边对一些听众说，我们马上要看①色情作品（我的意思是我们将要讨论色情作品的影响，而不是去看它）。

我曾经在复活节布道时不小心说了脏话。

---

① 译注：原文是 looking at，有看的意思，也有思考的意思。在这句话里，作者是想表达思考的意思，但容易被人听错，理解为看的意思。

我曾经在印度的一所学校里用极快的语速和难以理解的英语表达进行演讲。

我曾经在一场辩论中非常沮丧，基本上全程对着对方辩手大喊大叫。

这些年来，我曾经数次冒犯过别人，用错过词汇，忽略过上下文，在记笔记时忘记过我身处的地方，说过太多次"呃"，曾经在舞台上快速地踱步，还犯过几百个其他错误。

你也会犯很多错误。

"迈克！你在做什么？我读着这段话，想着我即将要进行的演讲，现在我比以往任何时候都更紧张。"

很好。

这就是第二条策略——设想最糟糕的情况。

"等等！你说什么？所有的导师都告诉我要设想自己能做到最好！他们错了吗？他们为什么错了？"

你是对的，他们是对的，我也是对的。首先，让我解释一下我想表达的内容，然后再给出一些例子。在本章的最后，我将详细地告诉你如何做到这一点。

　　当你相信我并接受这条策略时，你将在两方面获得成长：（1）你将学会掌控自己的情绪；（2）你将找到正确的视角。

第一个成果：掌控自己的情绪

　　当你设想最糟糕的情况时，你会在实际遇到这种情况之前练习如何应对这些情绪。演讲时你会感到紧张（这是一件好事，我会在策略 6 中解释）。你也会感到焦虑。这样做的目的是让自己做好准备，在那一刻到来时保持冷静。

　　学会掌控你的情绪，这样你就不会被情绪掌控。

　　要掌控这种能力，你必须让你的情绪活跃起来。听起来很可怕，不是吗？是的，当我教授这条策略时，客户曾反对过。他们聘用我完全是因为希望自己在演讲时不会感到焦虑。他们完全没有意识到，在演讲时减轻焦虑的一条关键策略是事先体验那种焦虑！

想一想体育运动、音乐表演或任何其他类型的表演。我始终坚持踢足球，所以我就以足球为例。

足球训练需要模拟足球比赛。教练希望我们在比赛中全力以赴，因此他努力训练我们。在训练时，我们跑得比实际比赛中更久；在训练时，我们遇到的挑战比实际比赛中更多；在训练中，我们尝试射门的次数比实际比赛中更多。

训练从来都不容易，但当比赛到来时，我们已经做好了准备。教练对我们的身体和头脑都进行了训练，以应对一场艰苦的比赛。通常来说，比赛会比训练容易得多。我们球队踢得很好，有时能拦住对方的球。在这种情况下，首发球员的休息和放松时间会远远超过训练中的休息时间。在训练中，我们会按照和最强球队进行比赛的标准来做准备。所有的准备工作都使我们在比赛到来时发挥得更好。

你能想到一些自己身上的例子吗？你是不是花了很

多时间练习钢琴，最终很顺利地完成了演出？你还记得你曾经努力过几个星期，最后在大考中考得很好的那一次经历吗？我们知道：正确的练习可以帮助我们为某一天做好准备。

想想相反的情况。还记得你没有为考试做好准备的那一次吗？那一天，当你读到题目时，你几乎不知道该怎么解答。因为准备不足，你考出了史上最差的成绩。

练习能让你为表演做好准备。

实际上，你有时间为表演做准备；实际上，你可以调整表演时需要用到的技巧；实际上，你会遇到在表演中可能出现的身体和心理方面的挑战。

心理与身体层面的准备

是的，你需要练习演讲，但你也需要练习应对演讲时出现的情绪挑战。你需要接受这条策略。在心理上和身体上做准备会对你有帮助。在站在人们面前之前，想象他们的脸；想象面对着他们你会有什么感觉；想象你忘了带笔记；就像我那样，想象你一不小心把其中一位女性观众说得很老；想象你发现裤子的拉链没拉上，或裙角被塞进了内衣里……设想各种最糟糕的情况。

让自己紧张起来，焦虑起来，害怕起来。

你感觉到这些情绪了吗？好的。

现在，让自己冷静下来。做一次深呼吸，暂停一下，对自己微笑，再深吸一口气。关注你身边的 5 个细节：看看这本书封面的颜色、留意封面的字体、你的裤子是什么质地、你的衬衫是什么颜色、猜一猜你皮肤上方空气的温度。

然后，继续读下去。继续，不要停下来，不要离开，不要起身，你能做到。

在足球训练中，我们会为比赛做身体上的准备。我们会跑步，会射门；我们会练习防守，也会练习策略；我们会排练事先规划好的比赛安排；我们会围在一块白板前，讨论如何提高团队合作能力，然后我们会实战练习计划好的策略。最重要的是，我们的教练会让我们在情感上变得坚强。他会逼我们练习，直到我们受不了想要退出；他会让我们用身体一次次去挡住高速飞来的球，直到我们想要弯腰躲避。当我们的速度慢下来时，他会对我们大喊大叫。他希望我们在身体、心理和情感上都变得坚强。

你需要练习演讲，为可能遇到的情绪做好准备。

在我表兄的追悼会上演讲

多年前，我的表兄在伊拉克阵亡，我在他的追悼会上发表了讲话。几百个陌生人来到他的家乡俄勒冈州。州长与我同台，身着制服的军官站在我的旁边，房间里都是我不认识的人。我感到很紧张，毕竟我才二十多岁，而且授勋的领导者就在我后面演讲，房间里还坐满了人，因为战争，我永远失去了年轻的表兄。

你能想象我紧张到浑身战栗的样子吗？你有没有遇到过这样伤脑筋的场景？

　　当我在准备演讲稿时，我想象着这件事，甚至哭了出来，因为我感受到了失去表兄的痛苦。当我大声背诵我写的演讲稿时，我看着墙壁，想象着人们的目光。我深吸了一口气，最后，我释然了。

　　这一天终于来了。我开了5个小时的车来到了追悼会现场，一路上我都感到很紧张。在开车途中，我排练了这次的简短演讲，再次练习了如何控制紧张的情绪。

　　当我坐在前排准备演讲时，我一下子就沉浸在悲伤的氛围中，找到了那种感觉。我不再去想"他们会怎么看我"，而是做了之前做过的事：深吸一口气，脸上泛起笑容。

　　当那一刻到来时，我走上演讲台，当我开始演讲时，几百个人盯着我。我全身笼罩着一股悲伤的情绪。我做了什么？你能猜到吗？

　　我再次深吸了一口气，脸上泛起淡淡的笑容，然后开始演讲。

　　我能控制自己，因为我事先练习过如何应对这些情绪。

我们会把练习的内容表演出来，所以要学着练习演讲的肢体技巧，并且学习控制你将可能体验到的情绪波动。

第二个成果：实际情况很少会像你想的那么糟糕

最近，我和杰克聊了聊，他是一位非常成功的商人。之前他开了一家店，几年后，他的店面扩展到48家。在我的辅导课程中，他准备了一篇演讲，要向一个竞争对手的董事会发表讲话。在他开始演讲5分钟之后，我提供了反馈，然后跟他开始了我现在介绍给你们的这节课。

我问："杰克，你在这群人面前演讲时会紧张吗？"

"当然，"他回答，"这就是为什么我会把整篇演讲稿读给你听。每个人都觉得我很自信，但当我站在很多人面前时，我就会紧张得胡言乱语。"

"为什么会这样呢？你觉得会发生什么？"

随着上述这个问题，我们展开了一场有趣的对话，讨论了最糟糕的情况：其中一个人站起来打了他一拳，整个房间里的人都嘲笑他，他汗津津的腋窝把房间熏得很臭，然后大家都开始责怪他。

杰克想从这场演讲中得到一个很好的结果，但在那一天结束时，他有可能经历的最糟糕的事情是什么？被一些他不太了解的人拒绝。然后他会回家和妻子待在一起，他仍然拥有工作，仍然拥有健康，仍然拥有自己的生活。

想想最糟糕的情况。你演讲的时候会有人打你吗？真的有人在我父亲演讲的时候打了他一拳。他平安无事，在我写这一章的时候，他正在和我儿子玩耍。会有人站起来对你大喊大叫吗？我遇到过这样的事，有人曾在我演讲时对我大喊大叫。后来，她被护送出去了，我的演讲继续。我感到有点疲惫，但房间里的其他人对我很友好。会有人给你寄一封可怕的电子邮件吗？是的，我也遇到过这样的事。我读了那封邮件，然后删掉了。当时我感觉很糟糕，但多年后，我甚至不记得邮件里说了些什么。这会不会毁了你将来的演讲机会？也许短时间内会。但如果你清理了伤口，从错误中吸取了教训，下次你会做得更好。不要放弃。

会有什么真正可怕的事情发生在你身上吗？

不会。你不会有事。

设想最糟糕的情况是在为可能出现的情绪做准备，同时也与树立正确的理念有关。

你一定曾经有过一些糟糕的公开演讲经历。除了你在策略1中学会处理的潜意识创伤之外，你真的不会有事。如果下次你失败了，感到尴尬了，或者被拒绝了，你也会没事的。

想听一件来自我朋友托德的趣事吗？托德是他就读的私立大学的学生会主席。有一次，他受邀面向全体教员发表演讲。他写了演讲稿，也练习了许久，为控制紧张的情绪做好了准备，然后演讲的那一天到来了。作为学生会主席，他发表了一篇很棒的关于议事日程的演讲。然而，观众们很难集中注意力……

因为，在整个演讲过程中，托德的裤子拉链一直是开着的。

更糟糕的是，观众透过敞开的拉链可以看到他的白色衬衫，看上去就好像每个人都在偷看他的白色内裤。演讲结束后，他走下舞台。一位教授走到他面前，轻声对他说："你的裤子拉链开了。"托德睁大了眼睛低头看他的裤子，拉链确实是大开着的。白色衬衫从拉链开口露了出来，他的脸唰地一下就红了。那一刻他知道了，观众们的亲切微笑更多的是因为他的拉链提供的乐子，而不是他推动的议程。

现在托德身在何方？他的工作表现非常好。后来他成为一名公众演说家，目前在公司里担任一名受人尊敬的经理，而且他也经常在公司里做报告。

过去的尴尬经历并不能定义你现在的行为。好好自嘲一下，设想一下你的公开演讲可能会出现的最坏情况，然后树立正确的观念。说实话，一切都会好起来的。

直接约她出去

在培训过程中，客户会问我各种各样的问题。最

近，一位有着惊人潜力的年轻领导者贾斯汀问了我一个
有趣的问题："迈克，我有一个经常一起玩的朋友。之前
我一直没有想过要和她在一起，但我很肯定我们会有未
来。最近我一直想约她出去，但我又不想破坏我们的友
谊。我该怎么做？"

我回答说："直接约她出去。"

不试一试，你永远不会知道事情会如何发展。如果
不成功，那么让我们设想一下最糟糕的情况：贾斯汀会
被拒绝。

你或许会说："等一下，迈克。他也可能会失去这个
朋友。"确实如此，但当他们最终和别人结婚时，他也
可能会失去她这个朋友。为什么不冒着在未来几年里失
去她这个朋友的风险，努力尝试让她成为自己的女朋友
（或许是未来的妻子）呢？

可能发生的好结果比可能发生的坏结果更重要。

如果你表现不好，会有什么坏结果？你可能会让自

己处于尴尬的境地，被他人拒绝。但尴尬只会让你郁闷一段时间，不会永远如此。你过去一定曾感到尴尬，一定被拒绝过，但现在你满怀热情想要变得更好。事实上你买了这本书就表明你做得很好。如果你失败了，跌倒了，那就在跌倒的地方爬起来。从过去的经历中吸取教训，让自己在未来变得更好。

勇敢尝试可能会带来什么好结果？

你可以获得加薪；你可以用祝酒词向新娘和新郎表达敬意；你可以让别人了解你的热情；你可以激励人们做出改变；你可以得到同事的尊重；你可以得到这份工作，完成销售任务，或者得到晋升！

公开演讲可以改善你的财务、事业、人际和生活状态，好处真是太多了！想象最糟糕的情况，这样你就可以用恰当的观点来看待并调控情绪。但也要想象最好的情况，毕竟这次可能会实现你一直期待的突破！这场演讲可能会是今晚的亮点，可能会是你直击他人心灵的时刻！

你能做到，你会超越自己！你不会失去控制，要掌控自己的情绪，用它们来激励你的演讲，这样你就能影响你的听众！

行动：紧张起来，然后控制自己

我们该如何做呢？

第一项练习

想象一下，此刻你站在全公司的人面前，或正在主持一场报告，或即将面临面试，或正站在同事面前，或正在教会上课，或正在婚礼上祝酒……在你的脑海中想象周围的环境，想象你的观众，尽量把画面想清楚。如果你即将要做很多场演讲，那就选择最让你感到紧张的那一场的情景。

想象一下即将开始的演讲，问自己：

- 谁会在那里？
- 他们会坐在哪里？
- 我要站在哪里？

- 我要穿什么?

- 房间里有多少人?

- 房间有多大?

- 我会拿着话筒吗?

- 我面前会有讲桌、讲台、乐谱架、桌子,还是什么都没有?

- 我的演讲会持续多久?

- 人们会处于什么样的心情?

- 在我演讲之前的活动发生了什么?

- 在我演讲完之后,会发生什么?

读一读这些问题,然后闭上眼睛,想象一下身处这些时刻的自己。把尽可能多的细节添加进去,一旦你能生动地想象这个事件,就会带入情绪,让自己振奋精神,不要逃避。就像我们在玩游戏之前不会逃避练习一样,在演讲之前也不要逃避情绪练习。振奋精神,让自己紧张起来。

现在,就像我们之前讨论过的:

(1)深呼吸。

（2）微笑。

（3）花点时间，留意房间里你身边的 5 处细节。

经常做这项练习，直到你能掌控自己的情绪，而不是让情绪控制你（注意：如果焦虑感很强烈，那么你可能就像我们在策略 1 中讨论的那样，有一个需要咨询师帮你一起解决的创伤。如果是这样，请立即预约一位咨询师）。

第二项练习

权衡演讲的利与弊。拿出一张白纸，在中间画一条竖线，在竖线左侧的顶部写上"赞成"，在竖线右侧的顶部写上"反对"。

对演讲顺利时会发生的事情要保持乐观。想象最好的情况，详细描述积极的一面。不要只写上"我可以获得加薪"，而是要写下你认为自己能拿到的确切数目的薪资。想象人们会体验到的积极情绪。当想象这样做能带来什么好结果时，你要大胆一些。

同样地，也要详细描述可能会出现的问题。只要确保你描述的积极面与问题都同样有创意。

　　当你列出所有"赞成"和"反对"的理由时，想想其中哪一项在两年后还会对你造成影响，那时你就会发现，积极的事物比消极的事物拥有更长的保质期。

做你自己，因为别人都已经有人做了。

——奥斯卡·王尔德

策略 3：
做你自己就好

你是谁？是什么成就了你？

这本书不是哲学论文，所以这里我就不深入了。和我一起保持肤浅吧，我们不会深挖你的性格或人格缺陷。但你会发现，当涉及演讲时，它们确实很重要。在授课时，我经常用文氏图①来表明人格是如何与技巧、内容相结合，从而形成更全面的信息。但这也不是我们关注的重点，我们将重点放在克服恐惧的公开演讲策略层面。以下是第三条策略：做你自己就好。

_____

① 文氏图：或译 Venn 图、温氏图、维恩图、范氏图，是在所谓的集合论（或者类的理论）数学分支中，在不太严格的意义下用以表示集合（或类）的一种草图。

是什么成就了你

你有什么明显的特征？你是高的？矮的？还是介于两者之间？你是帅气时髦的，还是长相很普通？你认真吗？你说话的速度快吗？你喜欢踱步吗？你是一个精力充沛的人还是一个勤奋的人？你能随时引用有趣的统计数据吗？你擅长讲故事吗？你的 DISC 性格测评档案是什么？你的 MBTI 测试结果呢？你说话的音调是高还是低？你有口音吗？你有魅力吗？你是外向者还是内向者？你是一个顾家的人吗？你的教育程度如何？

我还可以继续问下去。比如你的工作是什么，你喜欢什么，你看起来像什么，这些元素，都是你与他人交流过程中的一部分。你所传达的信息中，有一半是你说的话，另一半是**你这个人本身**。如果你很难理解，那就去视频网站上看看单口喜剧演员的表演吧。当你观看这些专业演讲者（这就是喜剧演员的本质）时，你会发现，让他们看上去很有趣的不仅仅是他们说的话，还有他们本身。这些演讲者会精心准备自己的演讲内容，然后利用自身的个性来传达自己想表达的信息。

看一看以下这些喜剧演员：

- 罗宾·威廉姆斯（Robin Williams）能够模仿很多不同的名人。他的语速很快，在演讲时还会运用自己的肢体语言。

- 蒂娜·菲（Tina Fey）在成长过程中时常感到格格不入和尴尬，但她没有假装一切都很好，而是邀请观众一同进入她那个可以理解的尴尬世界。

- 克里斯·洛克（Chris Rock）会用他充满活力和洪亮的嗓音重述故事并且做到妙语连珠。他是节奏和控场大师。他拥有灿烂的微笑，会用更生动的笑话卸下观众的面具和伪装。

- 乔治·卡林（George Carlin）会站在一处，表演一场睿智而无表情的喜剧。他很少表现得很兴奋，而是会用坚韧的表情来传达他的信息。

- 德鲁·林奇（Drew Lynch）在《美国达人秀》（*America's Got Talent*）上赢得了美国人的心。

由于在高中打棒球时受过伤，他患上了口吃。现在，他不再因说话不流畅而感到尴尬，而是选择将其融入自己的表演。

- 金·凯瑞（Jim Carrey）曾经演过很多肢体喜剧。

- 迪米特利·马丁（Demetri Martin）会运用随机的音乐技巧。

- 艾米·波勒（Amy Poehler）会露出她标志性的微笑。

- 艾伦·德詹尼斯（Ellen DeGeneres）会运用自己的亲身经历。

- 普里彻·劳森（Preacher Lawson）会摇摇屁股，脱下衬衫，展示自己的肌肉。

- 米奇·赫德伯格（Mitch Hedberg）几乎没有表情，也几乎没有眼神交流。

喜剧演员的例子，很好地展示了演讲者会如何利用自己的个性来表达自己的观点。

喜剧演员与克服恐惧的关系

太多的演讲者、汇报人、祝酒人、牧师、政治家、受访者和其他沟通者都试图成为另一个人。

站在众人面前传递信息很困难；站在众人面前，扮演喜剧中的某一个角色也很困难。在公开演讲中，人们经常会想要同时做到这两件事。他们站在众人面前，仿佛自己是另一个人，同时还要试图传递信息。这就是他们会感到恐惧的原因。

在这种情况下试图成为另一个人会给自己增加情绪负担，比如恐惧、焦虑、紧张和不安。

演讲内容的权重

你应该努力创造优秀的内容并组织起来，从而能够流畅表达。有各种各样的书和理论介绍了该如何撰写演讲稿。我经常跟客户一起工作，帮助他们厘清自己的想法，使他们能够流畅地表达出来。最近，我有机会帮助一位客户为麻省理工学院的一场会议准备 20 分钟的报告。我和她一起工作了几个月，她根据自己的学习经历、人生经历和专业知识写出了一份很棒的演讲稿。这份稿子，即使我给过她建议、指导，也编辑过，但最终还是由她创作出来。

你的演讲内容就是你要担起的重任，它可以是一场婚礼上的祝酒词，可以是公司的一场报告，也可以是宣布竞选公职的演讲。你想要传递的信息自有它的权重。

想象一下，你的演讲内容 / 信息 / 大纲是一个 10 磅[①]重的哑铃（不要增加这个假想哑铃的重量。你马上就会明白为什么）。

你做过前侧平举吗？就是拿起哑铃，举到身前，手臂伸直，与地面平行。突然，你就能感觉到那个 10 磅的哑铃的分量了！举了一段时间后，你的手臂开始颤抖。一个强壮的、有经验的举重运动员把哑铃举得远离胸口会比我们做起来更轻松，但即便如此，他们也会觉得累。

---

① 译注：约 4.5 千克。

举哑铃时，哑铃越靠近胸部，就会越轻松。如果你让哑铃一直靠近身体，贴在胸口，那么你可以坚持很长时间。

同样地，你对内容了解得越多，掌握得越多，它带给你的负担就会越小（这不是说要记住这些内容，而是要了解它们。这是我在课程中所教授的一组很大的区别：一个是熟悉，一个是理解）。

当你了解将要说的内容时，这些内容带给你的紧张感就会减轻。

人格魅力的权重

我的客户准备好了要在麻省理工学院演讲的内容。她把这些内容组织起来，在脑海里做好了规划，她了解自己要说的内容，所以演讲的紧张感就减轻了。

与了解内容同样重要的是她需要做她自己。当我们开视频会议时，我和她会轮流展示材料。我经常会在展示材料时提出关于停顿、强调和其他的演讲技巧的建议。作为一个有经验的演讲者，我尝试结合她的人格来传达她想表达的内容。她会把这些记录下来，以便将来回顾。尽管如此，我知道她会忍不住模仿我人格中的某些方面，所以我经常提醒、引导她只从我身上吸取她自己天生就有的或很容易学会的元素。

为什么我不想让她模仿我？因为人格是另一个 10磅重的哑铃。

在做演讲时，你的左手举着一个重物，右手举着另一个重物，一个是你分享的内容，另一个是你传递的人格。如果我的客户在演讲时模仿我，那么她就会离自己本身越来越远。

试图像别人一样做演讲就像是伸直手臂把一个 10磅重的东西水平举起。如果你试图模仿另一个人成功演讲的模式，你会觉得累，会发抖，会没有安全感，即便你发表了一场很成功的演讲，你也没有做得很好，因为你在扮演另一个人。

要始终记得成为你自己。

我是如何失败，然后找到"我自己"的

我曾当过 18 年的牧师。有一年，我甚至做了 200 多场演讲。当我演讲的时候，我清晰地认识到说话的这个人是谁。但我并不一直都清楚这一点，我并不总在做我自己。

26 岁那年，我受邀担任华盛顿州斯坦伍德市一个教会的主任牧师。这个教会很小，他们热心地邀请我从只负责孩子和青少年的工作转变为承担教会的全部责任。这意味着每周我都要在一个一半是成年人、一半是学生的房间里布道 40 分钟。尽管我已经认识这群人很多年了，但我还是很紧张。我知道如何面对青少年和孩子进行演讲，但我不知道怎么面对房间里的其他成年人演讲。

那一年，我开始探索"我"和我的声音。我读了很多关于演讲的书，也听了几百次其他牧师的讲道。每个星期，我似乎都在扮演我听过的播客牧师的角色。有一周，我像华理克（Rick Warren）① 一样快活而淡然。接下来的一周，我经常大喊大叫，告诉人们要像马克·德里斯科尔（Mark Driscoll）在 2006 年前后那样做忏悔。我曾试图让自己成为乔尔·欧斯汀（Joel Osteen）、罗伯·贝尔（Rob Bell）、韦斯·戴维斯（Wes Davis）、安迪·史丹利（Andy Stanley）、肯顿·毕肖尔（Kenton Beshore）、埃德·杨（Ed Young）以及其他几个人。

　　教会里的那群人领略到了许多人的风采，他们非常有耐心（谢谢你们）！那一年，我们的教会确实成长了很多，也许有部分原因是那位年轻牧师的表现，那个根本不知道自己在做什么的人。

　　当我尝试每一种人格时，我都在努力寻找真正的自己。然后我看了一个名为 U.B.U. 的搞笑小视频（如果你感兴趣可以去看一看）。埃德·杨是美国最著名的牧师之一，他写了许多书，并在达拉斯领导着一个巨大的教会。他为教会组织的一场会议制作了这个视频。他主

---

① 华理克：是有 23 000 名教友的加州马鞍峰教会创会牧师，也是销量达 3 000 万本的畅销书《标杆人生》的作者。

要是想告诉像我这样的演讲者：不要试图成为别人。

那个搞笑小视频打动了我。我不再试图成为别人，而是允许我成为自己。当我举起代表人格的"哑铃"，把它举到胸前时，我承受的演讲重量突然减轻了。

成为你自己

如果你试图成为别人，就永远无法感到自在。

"迈克，我没有你这样的经历，我没有想模仿很多人。只是当我演讲的时候，我真的很紧张！"

是的，我的故事有些极端，因为我真的在复制别人，试图展现他们的人格，我显然有问题。你也有问题，但没那么显而易见。不知不觉中，你已经设立了一个演讲时应该是什么样子的形象。这是你的心理期望，这个形象来自你生活中敬佩的人、行业标准，也会受到其他方面的影响。当我与私人客户打交道时，我经常发现当人们开始演讲时，他们会迅速替换成一种新的人格：或许他们会变得更严肃，会说得更大声，或改变语调，或发生其他的一些变化。

当你用一种人格代替了真实的自我时，你就失去了**自我**的力量。在承受信息重量的同时，你也给自己增加了另一个人格的焦虑重担。这就是你会感到恐惧的原因。

下面，我将列出一些行动，可以确保你成为自己。与此同时，请牢记以下这句话：

做真实的那个你，而非拙劣地模仿别人。

我需要变得有趣吗

这是一个好问题。答案是：你比你以为的更有趣。

我经常看到人们在开始演讲时出现了消极的转变。我看到快乐的人变得坚韧、活泼热情的人变成了完美的机器人、那些平日里随意的人变得十分严肃，等等。"舞台"会对人产生影响。它会使人们表现得不像平时的自己。在这种转变中，人们首先失去的是幽默。

你真的比自己以为的要有趣。朋友会和你一起哈哈大笑；你会跟家人开玩笑；当你看到一出滑稽的情景喜剧时，你会"咯咯"地笑。你懂幽默，但当你演讲时就会失去它。你怎样才能重新获得幽默感？

不要太过于较真。我喜欢人们认真准备、计划和完善他们的演讲，我喜欢这种积极进取的心态，只要确保你的完美不会让自己变成机器人。演讲稿或提纲并**不是**演讲本身，**你**才是。演讲稿或提纲是"地图"，但你是听众的向导。我和客户一起工作是为了了解他们的演讲内容，这样就可以帮助他们成为自己。当你不再那么看重笔记，学会放松，你幽默的一面就会流露出来。

幽默有许多不同的类型，比如滑稽剧、一句笑话、肢体幽默、讲故事等。我们经常会认为，因为我们没有做全这些，所以意味着我们不幽默。这就错了。如果你不是"天生"有趣，那可以学习如何融入一些有趣的故事。如果你不是天生的"肢体"喜剧演员，那可以学着说一些诙谐的笑话（即便是从别人那里学来的）。这个世界上有"天生"有趣的人，也有会在生活中发现趣味的人。如果你回头看看那些优秀的喜剧演员，会发现这两种人都有。

你一定要变得有趣吗？并不是。但如果你是一个有趣的人，这确实会带来一些帮助。幽默可以降低听众的警惕心。单单是大笑这个行为就能让人们时常微笑和深呼吸。大笑能让你的听众放松下来，反过来也能让你放松下来。做个有趣的人是一件很棒的事，但你要做有趣的**自己**，不要做有趣的**他们**。

你可以自我提升

我希望你做自己。你的演讲需要你成为独一无二的自己。同时，你也可以提升自己。

在电影《全民情敌》（*Hitch*）中，威尔·史密斯（Will Smith）饰演的亚历克斯·希钦斯（Alex Hitchens）正在帮助他的客户征服一位美丽的女人。当希钦斯带他的客户购物时，发生了下面的对话。

　　希钦斯：鞋子真赞，你去了我推荐的那个地方，对吗？

　　客户：是的，但我觉得这不像真正的我。

　　希钦斯：现在，"你"是一个可塑的概念。你买了这双鞋子，穿上这双鞋子，看上去帅呆了，我说的就是现在的"你"。

　　我是在试图通过引用这段对话来改变我的观点？完全不是。在电影里，希钦斯为优质的男士工作，帮助他们获得女士的关注。他指导男士们提高恋爱技能，创造机会，让真正的自己变得引人注目。

　　你需要成为你自己，你也可以提升自己。在我自己的演讲课程中，我会教授诸如抑扬顿挫、语速、戏剧性停顿等演讲技巧。我会帮助客户提高他们的词汇量、流利度和气质。我所做的是帮助他们改进，而不是替代真正的他们。

你可以提升自我，但你仍然需要成为你自己。

你需要成为你自己。"你"是一个可塑的概念。你能提升自我。

做自己和提升自我是自信的秘诀。

行动：成长为你自己

你可以采取以下 3 项行动来实践这条策略：

（1）发掘你自己。

（2）观察你自己。

（3）聆听他人。

第一项练习：发掘你自己

我强烈建议你做一些性格分析来帮助你了解自己。大多数性格测试结果不会令你感到震惊，毕竟，你就是你。这些测试的结果不会令你感到惊讶，更像是一个亲密的观察者（你自己）对你做出的诚实评价。如果你做了性格测试，那么就可以像看待你信任的人给予你的反馈那样来看待测试结果。

举一个简单的例子：我一直认为我有一个缺点——缺乏耐心。然后我做了一个优势识别器（Strength Finder）的测试，发现我的一个优点是能够成为一名行动者。这意味着我善于把事情完成得很好。发现性格的这一方面并不让我感到惊讶，但测试结果确实重塑了我对自己的看法。虽然我有时可能缺乏耐心，但现在我试着让自己专注于"现在就来完成这件事"的心态。发现自己具有这种特质能够使我将自己的个性视为一种力量，而不是一再为所谓的弱点感到羞愧。

当你了解了自己，这有助于你成为自己，认识到你的优势、倾向、自然发展方式和才能。发掘你自己，然后，专注于成为你自己。

第二项练习：观察你自己

面对镜子，面对电脑，面对你的朋友，或面对真正的观众发表演讲。然后，观察你自己。

当我通过在线视频会议辅导客户时，我会要求他们把做报告的过程用摄像机录下来。然后我给他们提供反馈。当他们看到自己是如何演讲的，他们就能看到我所看到的一切。

最近，我正在和一位非常成功的商业领导者一起工作。他的生意已经扩展到了几十家门店。他给人的印象充满活力，很有风度。当他开始播放演讲录像时，我可以看到录像中的他整个人都改变了。他变得严肃而乏味，以至于事后我们会拿这件事开玩笑。我问他："你变成了谁？"

当你观察自己时，你会发现自己在演讲中发生的变化。

观察自己说话是很可怕的。当我刚开始做这件事的时候，我发现自己看起来是**那样的**，还会说**那样的话**，这让我感到很尴尬。很少有沟通者喜欢听自己说话。

观察自己说话是非常有用的。通过观看演讲回放，你可以自己辅导自己！

第三项练习：聆听他人

当我开始与客户合作时，我的第一个建议是：去有意地观察喜剧演员、新闻主播、牧师、TED 演讲者和政治家。

在这 5 个身份中，会有一个受过专业训练的人站在人群面前发表演讲。我常会推荐客户观看西蒙·斯涅克（Simon Sinek）、贝拉克·奥巴马（Barack Obama）、罗纳德·里根（Ronald Reagan）、安迪·史丹利（Andy Stanley）和艾伦·德詹尼斯（Ellen DeGeneres）的演讲。他们都是非常自信的演讲家。通过认真观察他们和其他演讲者，你可以学到一些技巧，并将其融入自己的人格中。

正如我会推荐某几位演讲者一样，毫无疑问，我的客户会被其中某一两名演讲者吸引。但请注意，千万不要这样做。不要只听一位演讲者的演讲，不论他们有多优秀，也不论你和他们的联系有多密切。如果你只听一位演讲者的演讲，你就会变成他（她）的克隆人。也不要只听两位演讲者的演讲，因为这样你的注意力就会跳来跳去，你会发现这两个人之间的差异，然后感到困惑。听三位或更多位演讲者的演讲，**然后**你就会发现每位演讲者的特点，并且能够掌握某些技巧，从而确定**你的**风格。

克隆、困惑与自信

听一位演讲者的演讲，你会变成一个"克隆人"。

听两位演讲者的演讲，你会感到困惑。

听三位或更多位演讲者的演讲，你会变得更好，获得自信。

向他们学习，但不要变成他们。做你自己就好。

有些人总是操心这个那个，我认为这就是爱的表达。

——A.A. 米尔恩

策略 4：
就像面对一个人演讲

这个房间里有 3 200 个座位。一个小时之内，就会有几千个人涌入。我站在台上，根据我的演讲稿快速地排练了一遍。我想做好准备，想准备充分，我希望我的紧张会是一股正能量，而不会使我焦虑。我预先想象了这场演讲，调整好心态，然后走下讲台，准备在活动开始前与人们见面。

每当我站在观众面前演讲时，我都会提醒自己我是在对一个人讲话，而不是一群人。一群人有点恐怖，尽管他们是朋友。纵观历史，人们曾聚集在一起展开暴动、杀戮、叛乱、践踏和嘲笑。在人群中，人们会失去自己的判断能力，产生一种"从众心理"。有的人群多达 1 万人，有的只有 100 人。人群的特征不是规模，而是他们的反应方式。网络搜索得出人群的定义是"以一种混乱或难以控制的方式聚集在一起的众人"。

人群是可怕的。

"迈克，你在干什么？我已经很紧张了，你说的这些让我感到害怕！"

如果你是在对**人群**演讲，那么你的感受是对的。然而，除非你是总统或革命者，否则你永远不会对**人群**演讲。

因为你不是在对**人群**演讲，你是在对**一个人**演讲。

就在我站起来，在这个拥有 3 200 个座位的房间里进行演讲之前，我四处走动，和人们交谈。我遇到了乔治娅，她是一位和蔼可亲的祖母，她的儿子在西雅图海鹰队（Seattle Seahawks）打橄榄球。我来自西雅图，知道他的儿子，她听了很高兴。

我还遇到了查德。查德和我聊了一会儿。他最近还是单身，正在努力规划未来该怎么做。

蒂姆和桑迪是一对面带微笑的夫妻，他们一只手牵着彼此，另一只手端着热咖啡。他们最近刚结婚，两人之间爱意四射。

埃米莉是一个十几岁的孩子，她来是为了听我做关于人际关系的演讲。她很活泼，和我说话时有点紧张。

艾萨克有点特殊，他刚出狱，需要重新建立他对人际关系的看法。他对我的演讲有点将信将疑，但希望能听到一些能够激励自己的东西，为他提供一些实际的行动步骤。

直到活动开始前，我一直站在门口和人们交谈，我和他们握手，彼此间做了自我介绍。当他们发现我是演讲人时，有些人很惊讶，甚至很紧张，因为演讲人如此随和地与他们交谈。我了解了一些他们的故事，他们也询问了一些我的经历。

人群消失了，因为我遇到了一些人，他们很快会坐在一起，形成一个庞大的观众群。当我最终站上讲台时，并不是在对一群人演讲，也不是在对一大群观众演讲。我是站在台上对乔治娅、查德、蒂姆、桑迪、埃米莉和艾萨克演讲，我是在和我的新朋友们说话，我想和**他们**说话。我把我的观点传达给观众，就好像我是在和认识的那几个人说话一样。

现在我不是在对着虚空说话，而是在对着他们这些鲜活的生命说话。

面对大众演讲就像面对一个人演讲

这一直是我的策略。如果我有机会首先与我的观众建立亲密的联系，我会抓住它。我不想对着一屋子人演讲。我想带给人们的是价值、信息、娱乐和指导。

有个组织找到我，让我向 80 名六年级学生和他们的父母讲述科学。老实说，这比对几千个成年人演讲还要伤脑筋！六年级学生可能会粗鲁、刻薄而无情。如果你表现出软弱，他们就会扑向你，把你"撕成碎片"。

我感到紧张还有一个原因，那就是演讲的主题是科学。科学？我受邀就"科学"发表演讲。这意味着什么？

我为这个模糊的主题写过的演讲稿可能比我发表过的任何其他演讲都要多。

你的情况是这样吗？你正在面对一群你无法理解的观众演讲吗？你的演讲话题是自己所不擅长的吗？这两种情况你都符合吗？

坚持住，这条策略会帮到你的。

演讲的那一周到了，我开了两个小时的车来到露营地。学校的管理部门组织了一次为期3天的实地考察旅行，有80名六年级学生参加，还有一些老师和家长。开车的时候我在车里放了一本励志书。但恐惧始终在我的脑海中盘旋：如果孩子们讨厌我怎么办？如果家长认为我不够格呢？如果老师们发现我的知识很匮乏怎么办？我的目标应该是鼓励孩子们探索科学，这一点让我受到了启发（你永远是自己演讲的第一个观众）。然而，我很担心我的准备和经验不足以让我做好这场演讲。

我很早就到了，并很快安顿好。我的紧张也随之而来。我很害怕，很恐惧，很担心。我进入了一个未知的领域。

校车到营地时，我准备采取自己的策略。当孩子们、老师和家长从车上下来时，我克服了尴尬，向尽可能多的人介绍了自己，包括诺伊、姬莎、亚历山大、凯伊、德鲁、彼得森先生、塞缪尔以及他的爸爸等。大家下车后，营地提供了晚餐。接着就是第一次演讲。因为我已经为演讲做了大量的准备，所以不需要跑出去排练我的演讲提纲，这样做只会让我始终保持紧张，取而代之的是，我一直在和人们接触。我和一桌六年级的学生坐在一起，起初他们对我很冷淡。不过我留下了，继续尝试与他们搭话。凯伊终于说出了他的爱好，然后他的朋友也加入了。最后，我与凯伊建立了联系。现在我不用对着一群人演讲了，我可以对着凯伊演讲。

那天晚上，我在一个挤满了孩子和大人的露天场地发表了演讲。在夜色中，我看不太清他们的脸，但我能在脑海中回忆起来。我没有试着对一群人演讲，只是对着与我有联系的一小群人演讲。这种联系让一切都变得不同，因为我和这群少数人有联系，所以我能和全班同学建立联系。六年级的学生都在认真听！他们凑上前来，想要了解更多。我实现了我的目标。

在度假营结束后，活动负责人让家长和老师从几个方面给演讲者（我）打分。除了少数人反馈很普通之外，绝大多数家长和老师都给了我极高的评价，有些人甚至认为这是他们最喜欢的一场演讲。我成功地与观众建立了联系。

"迈克，干得好。但显然你做演讲这一行已经有段时间了，听上去你是个外向的人。但这些经验可能对我没有帮助。"

这条策略可以帮助你，而且它会帮到你的。

你的观众是谁

我的一位公开演讲的客户正准备在晚宴前向 40 位商业领导者发表一场演讲。房间里大部分都是男人，人们对这群人的描述是富有、多疑、孤僻和不可理喻。我的客户说她或许永远不会和这样的人做朋友。然而她却站在那里，准备对他们发表演讲。当她详细描述他们是谁时，很明显，他们成了一个**人群**。我打断了她，问她是否认识他们中的谁或任何一个和他们很像的人。她确实认识其中的一个人。我让她想想这个人的经历，他的欲望、恐惧、需求、家庭，以及今晚在那里的原因。

当她想到自己认识的这个男人时，人群消失了。她想象着他在工作上的压力，想到了工作环境给他带来的负担。她开始理解他对这场演讲所抱有的希望和渴望。

我和她一起完成了这项练习。然后我说："总的来说，你的看法可能是对的。但他们每个人都有自己的故事，就像你认识的那个人一样。不要对着人群演讲，要想象每个人都像你认识的那个人一样。那么你就是在对着一屋子你同情的人演讲，而不是面对着一群你不想与之有任何关系的人演讲。"

认知影响接受度

大学时，有个同学不喜欢我。她没说出口，但我知道。你有过这种感觉吗？你是否遇到过某些人，他们说话很得体，但你仍然能感觉出他们不喜欢你？你是否曾与某人共事，他看上去好像在躲避你，而你却不知道为什么？我们可以察觉到别人对我们的感觉。

有一天，我早早地来到教室，直截了当地对她说："你不喜欢我。为什么？"

这种直接的对峙令她感到震惊，她结结巴巴地对我说："你……你是什么意思？"

"每次我们交谈，你的表情都显得很疏远。感觉你很想避开我，仿佛我冒犯了你一样。我对你做了什么吗？"

我们进行了简短的交谈，结果证明我是对的。她不喜欢我。原因是她认为我做过一件事，但其实我根本没做过。她因为反感我而故意和我保持距离。我察觉到了这一点，这影响了我如何理解她说的话。当我纠正了她对我的错误认知后，她对我的接受度就改变了。我们成了朋友。

你对观众的感觉会影响他们对你的感觉。

你对观众的认知会影响他们对你演讲的接受度。

如何确保你对观众的感觉是积极的？通过了解他们

中的一些人。如果不可能做到这一点，那么试着想象他们是谁，创造 3 个有背景故事的角色，并对着观众群中与你有个人联系的人演讲。如果你喜欢他们，他们更有可能会喜欢你。如果他们喜欢你，那么你也会感觉到这一点，这将缓解你的紧张感。

　　喜欢你的观众是极其重要的。你可能会说："迈克，可我不认识他们。"是的，但你必须创造出这种感觉。至少，你要在房间里找一个人，或者想象出一个人，然后再对这个人演讲。

　　对一个人演讲，至少再努力喜欢上另一个人。

　　"迈克，当我和你说话时，你的眼神会闪躲，所以我就会停止说话。"他是对的。过去我们之间发生过一些事，由于我对他的认识，我不太能接受他的观点。他说了什么并不重要，如果谈话时间稍长，我就会开始变得不耐烦。

　　"你想让你的观众不理睬你吗？"

　　"我不怎么在乎。我只想做完我的演讲。"

　　如果你的观众不理睬你，你的演讲就会很糟糕。就像我不理睬一个人时，他就会匆忙结束和我的谈话一样，如果你的观众不理睬你，你也会想要匆忙结束演讲。不要只是对一群人完成一场演讲，不要那样做。相反，与某个人建立联系并与他交谈。将你的祝酒词送给你在婚礼上认识的客人，在工作中做演讲时就像和你的午餐伙伴交谈一样。当你站在房间前表彰一位员工时，想象一下你的伴侣也在房间里，而你正在跟他（她）谈论这位员工。

专 业 建 议

看着很多人，但只对一个人说话。

让演讲变得个人化

你看过汤姆·汉克斯（Tom Hanks）和梅格·瑞恩（Meg Ryan）主演的《电子情书》（*You've Got Mail*）

吗？如果你看过，你就知道他们俩是在网上聊天。梅格
饰演的角色正在努力解决一个问题，汤姆饰演的角色用
电影《教父》（*The Godfather*）中的一句台词来回应她：
"You've got to take it to the mattresses." 这就意味着这个
问题不是个人化的。

我们不是对很多讲话都有这种感觉吗？

- 它不是个人问题，它是专业问题。
- 这与人无关，与产品有关。
- 收入是关键，关系是次要的。
- 我这么做不是为了朋友，而是为了让我做这件
  事的老师。

在《电子情书》中，汤姆的建议最终被证明是错误
的，他的建议伤害了他自己。后来，梅格明智地告诉我
们，很少有"不针对个人"的事情。她看着商业竞争对
手说："嗯，这是私人的事。"

不要单纯为了业务去做演讲。即使你拥有最学术化

或最专业的背景，你也不是对着钞票或文学作品演讲，要记住你是在对人演讲。

你可以选择把人当作建筑物或书籍，对它们说话，因为这些东西不会让你感到紧张。但它们也不会听你说了什么。

你可以对任何东西说话，但这并不意味着你可以与任何东西建立联系。你不会和人群建立联系，你会和某个人建立联系。所以，用这个方法把庞大的房间变小，像面对一个人演讲那样对所有人演讲。

行动：按照这份清单来做

在做报告、销售演讲或其他演讲之前，你应该做些什么？

我将阐述一份清单，其中包含了 6 个要点，然后我会在这一章最后列出一份更长的清单，这样你就可以复印一份或拍一张照片，在演讲之前拿出来看一看。

1.提前一些：提前到场，做好准备

当你给自己创造空间时，就是给自己创造了平和。

学习提前做事的艺术。

提前完成所有额外的准备工作。想想你需要什么道具，现在就去买好。把需要用到的技巧在脑海里事先预演一遍。安排组织好，提前到达场地，走上舞台，看看整个房间，测试一下麦克风，排练一下。

无论复杂还是简单，你都最好提前完成所有的准备工作：幻灯片、道具、房间布置、桌子、小册子、食物，并打印两份笔记。

极其重要的一点是：提前把演讲准备好，不要死记硬背。

专 业 建 议

总是打印两份笔记。即使你的笔记是电子的，也要打印纸质的。相信我，这样做会让你睡眠更好。

提前到达场地。在你的日程安排中预留时间可以让你不那么匆忙。有些演讲者做不到这一点。他们不想去预想即将到来的演讲，所以安排好了一天的行程，从一个地方赶到另一个地方，直接开始演讲。要避免这样做，到处奔波会使我们压力更大，更紧张。当然，你可能会提前开始演讲，但这不会让你感觉更好。这不会加深你和观众之间的联系，也不会让你在演讲结束后感觉很好。

"快点出发，然后在那里等着。"

这句话我说过很多次了。我用这句话来提醒自己提前完成所有的工作，用这个方法来安排在塞内加尔和墨西哥的旅行。我也用它来辅导别人。现在，我要与你们分享：

现在动作快一点，这样后面你就可以拥有空间来调整自己，等待演讲开始。

2.当你在等待时，不要喝咖啡；如果你感到紧张，那就喝点茶吧

坦白说，我会喝咖啡。我住在西雅图地区，已经喝了很多年的咖啡。

有时候，我也会避免喝咖啡。在演讲之前，我坚决不吃糖。糖和咖啡都会暂时增加你的能量。当你感到焦虑时，说明紧张的能量正流经你的身体。恐惧的负能量再加上咖啡因和糖增加的能量，你的感官会承载过多负面的能量。

演讲前，这时候你已经很难控制紧张的情绪了，所以最好不要再摄入糖和咖啡因。

3.站在可以和一些人交谈的地方

演讲者通常会站在远离观众的地方。不要那样做，要走到人们中间去。我有一个简单的原则：站在离墙5

英尺[①] 远的地方。

下次你在公共场合时，记得观察人们站的地方，他们会走到墙边，因为那里很安全：远离过道，会让人产生一种受保护的感觉。大多数人和许多演讲者都喜欢站在"保护墙"旁边，也喜欢躲在手机或咖啡杯后面。

我的"5英尺原则"提醒我要远离墙壁的保护。它提醒我要走到人们中间去，而不是远离他们。接受这条规则，人们会觉得你在接纳他们。

4.微笑

微笑能增强你的吸引力，从而提高自信。

微笑是天然的抗抑郁药，可以增强你的神经交流功能，使人体释放神经肽、多巴胺和血清素。

微笑可以降低血压。试一试吧！坐在那种可以测量血压的小桌子旁测一下血压；然后微笑一分钟，再测一次。

微笑真的可以增强你的免疫力！

---

① 5英尺：约1.5米。

当你微笑时，你大脑里的化学物质会发生变化，你的紧张感会减轻，声音会更有力，观众也能感受到。微笑会将你和其他人联系起来，能让观众放松下来，甚至还能让他们报以微笑。

这是我给出的最重要的建议，怎么强调都不为过：微笑。

5.深呼吸

"深呼吸可以增加大脑的氧气供应，刺激副交感神经系统，从而促进人进入平静状态。"

如果你想深入了解深呼吸如何改善生活的多个方面，有许多研究可供参考。在网上快速搜索一下，你会相信这个事实的。

谈到演讲，你不需要了解所有关于深呼吸的科学知识，只需要知道这样做会让你平静下来。平静的人可以比紧张的人进行更深层次的交流。为了和你的观众建立联系，学着做深呼吸练习吧。

6.把跟3～5个人建立联系作为你的任务

你可以认识更多的人，但要跟 3～5 个人建立联系。我在本章一开始就介绍过我是怎么做的。仅仅知道几个人的名字是不够的，你需要了解这几个人。

政治家和传教士是这一原则很好的实践者。教堂的会众每周都会有变化。

然而，其中一些人几乎每周都会出现在教堂里，而且他们中的大多数人都有相同的信仰。政治家们在竞选活动中会对不同的人群演讲。然而，他们的一些忠实支持者每周都会跟随他们的脚步，聆听他们的演讲，大多数人也有共同的治理理念。因此，牧师或政治家会感到更自在，因为他们认识并了解演讲的对象。他们在相关领域和深层的意识形态上是相通的。

如果你必须对你的同学、同事、创业者、婚礼派对参加者、股东或投资者进行演讲，那么在你站上台说话之前，要努力找到与他们建立联系的方法。

演讲前当你跟别人在一起时，要活在当下，不要太超前；要用正确的态度面对听演讲的人，对他们报以微笑。当你听到他们说了什么时，要积极地倾听，针对他们说的话回应。

演讲前当有人跟你在一起时，不要看其他人。让那个人成为你眼中最重要的人。如果你需要离开一会儿，与他人交流，那就简单地表达你的诉求："萨姆，和你交谈很愉快。谢谢你分享自己来到这里的故事。在演讲开始之前，请原谅我还要和其他人交谈一会儿。谢谢你来到这里！"

暂时忘记你要与人们交流，并努力与人们建立联系。

当你开始演讲时，要对某些人演讲，而不是对人群演讲。

当你要站在10个人、100个人或者1 000个人面前演讲时，忘掉这些数字，找到你的新朋友，对他们做演讲。千万别忘了微笑。

我的检查清单

● 我会确保至少在演讲的1小时前就完成所有的准备工作。

- 我会提前到场。

- 我不会摄入咖啡因或糖。

- 我会站在远离墙的地方，与观众交谈。

- 我会微笑。

- 我会深呼吸。

- 我会与3～5个人建立联系。

- 我不会担心，我会和人们一起活在当下。

- 我会对某些人，而不是对人群发表演讲。

- 我一定会微笑。

- 我会做得很好。

永远不要让自己忙到不去考虑别人。

——特蕾莎修女

策略 5:
别把自己太当回事

你一直害怕的时刻来了,你就要站在众人面前,你即将试着让别人了解你的想法,所有人的目光都会聚焦在你身上,你的大脑会开始飞速运转……

"他们会怎么看我呢?他们会听我演讲吗?会喜欢我吗?会信任我吗?我很了解自己说的话题吗?我看起来还可以吗?我的拉链开了吗?不,我的拉链没有开。很高兴我第七次检查确认了自己没有问题。我的牙齿上有口红印吗?肯定有。哦,等等,我不涂口红。我的牙缝里有菜叶吗?所有人都将会看着我!噢,糟糕,如果我身上有股味道怎么办?如果我忘记带笔记了怎么办?如果有人站起来走出房间怎么办?我的表现会很糟糕,他们会看穿我!我讨厌在人前讲话!"

　　你有过这样的内心独白吗？你有没有想过你的观众对你的看法，或者他们将会怎么看待你？你肯定想过。当所有的目光都聚焦在我们身上时，我们会感觉自己被审视，会觉得被评判，会感觉自己被放到了放大镜下。

　　我要告诉你一个好消息。人们对你的关注远比你想象的要少。

人们没有在关注你

　　你在担心别人怎么看待你，与此同时，人们却并没有在关注你，而是同样担心你怎么看待他们！

　　电影《偷听女人心》（*What Women Want*）于2000年上映，由梅尔·吉布森（Mel Gibson）和海伦·亨特（Helen Hunt）主演。电影将梅尔饰演的角色描述为一个典型的大男子主义者，有一天他突然获得了透视女性内心想法的能力。在一个场景中，梅尔站起来向会议室里的人阐述他的想法。当他努力让人们了解他的想法时，他惊讶地发现，尽管每个人都在看着他，但她们却在想别的事情。她们的目光落在了他身上，但思想没有。

梅尔在电影中所经历的，正是我们每次发表演讲时所面对的现实。人们远没有你所担心的那么在意你。我可以作证，我在很多场合都会这样做，对此我感到很内疚。我曾作为观众，观看过许多不同类型的演讲者演讲或表演，包括喜剧演员、销售人员、牧师、教师、领导力演讲者、教练、毕业生代表，还有无数其他站起来发言的人。当我试着思考他们表达的内容时，经常会被各种各样的想法淹没："这对我有帮助吗？比起生物课我更喜欢数学课。我应该计划一下即将到来的假期。他看起来好自信……我想知道我看起来是什么样子。我的天，我的拉链开了！"看，演讲者常常担心人们对他的看法，而观众更关心的反倒是他们自己。

我们最喜欢关注的是自己

尽量不要反驳这个观点。我们可以阅读很多心理学家关于人们痴迷自我的论述。但让我们把这个话题留给另一本书去探讨。我们只需回答这个问题：当你早上醒来时，第一个想法是什么？可能是以下 3 种："我不想起床，我想再睡一分钟……"；早起的人可能会想，"早上了耶。我为这新的一天感到兴奋！"；而其他人可能会想，"我要上厕所了！！"。

这 3 种想法的共同点是什么？醒来时想到的都是自己。你首先想到的不是照顾穷人，不是希望你的同事工作出色，你首先想到的是你自己，这没关系。我首先想到的也是我自己。我们是唯一需要对自己的生活负全责的人，所以我们应该以正确的心态去关注自己。

先认识到你会在很多时候想到自己，然后开始意识到你的观众并没有在关注你。这会让你感到更加自在。当你意识到坐在你面前的人更关心自己的头发、衣服、饥饿和睡眠，而不是你的演讲内容时，那一刻的压力就会消散。做一次深呼吸，通过娱乐、教导或展示你的产品来服务你的观众，他们会更专注于自己的想法，不会那么在意你的表现。

第二段说了几次"我"

"他们会怎么看我呢？他们会听我演讲吗？会喜欢我吗？会信任我吗？我很了解自己在说的话题吗？我看起来还可以吗？我的拉链开了吗？不，我的拉链没有开。很高兴我第七次检查确认了自己没有问题。我的牙齿上有口红印吗？肯定有。哦，等等，我不涂口红。我的牙缝里有菜叶吗？所有人都将要看着我！噢，糟糕，如果我身上有股味道怎么办？如果我忘记带笔记了怎么办？如果有人站起来走出房间怎么办？我的表现会很糟糕的。他们会看穿我！我讨厌在人前讲话！"

有多少次？18次。

当你审视自己时，你会发现自己身上的每一个缺点。

当你审视自己时，你会想象别人也像这样关注你。但他们没有，他们关心的也是他们自己。他们希望自己的需求可以得到满足。

人们希望从你的演讲中得到一些适用于他们生活的东西：他们想要被你的话语逗乐，想要从你的祝酒词中受到触动，想要从你的报告中获得一些深刻的观点，想要被你的演讲鼓舞，他们不想因为你的提议而加班，他们希望接受你的推荐可以让自己的生活变得更好，他们希望通过聆听你分享的愿景来了解自己的工作方向，或者希望通过出席会议获得市场份额。

他们想要获得对自己而言最大的利益。

上面两段中出现了多少次"我"？一次也没有。

这些都只与他们有关，与你无关。

人们想要你成功

"不，他们不会。他们嫉妒心强、好胜、会使坏。"的确，有些人不希望你成功。如果你的晋升需要你和同事凭这场报告展开竞争，那么在场的其他人不会希望你成功。但他们也不是你的观众。

绝大多数观众都会希望你表现出色。如果你在人群中有敌人，就无视他们。有太多人在为你加油，不需要去注意那个想要嘲笑你工作的卑劣的人。人生苦短，不需要去讨好那些不喜欢你的人。用"哲学家"泰勒·斯威夫特（Taylor Swift，其实是美国歌手）的话来说就是："通通甩掉（*Shake It Off*——歌曲名）。"

当人们看到你站在前面时，他们会想什么？他们会首先考虑你将如何影响他们自己的生活。其次，他们会希望你表现得好，也会下意识地支持你。这就是为什么当有人表现出色时，我们会鼓掌。我们会感到很高兴，他们的表演没有让我们感到尴尬。这也是为什么当演讲者在演讲中失了方寸时，我们会调整自己的坐姿。

你有过这种经历吗？你经历过这种尴尬的时刻吗？

当你在听一位演讲者演讲时，你突然意识到他在演讲中失了方寸。房间里安静下来，人们调整坐姿。演讲者的脸变红了，他开始重复一些词语，开始出现大量的"嗯"和"呃"。也许会有好心人过去帮演讲者解围。这时候，你悄悄对旁边的人说："我为他感到难过。"

我们会为那些演讲失败的人感到难过。失败的演讲会使我们感到窘迫、不舒服和尴尬。

看到发生了什么吗？就连演讲者的成功或失败也会令我们想到自己。人们对你的看法远比你想象的少。当他们真的关注到你的时候，他们会希望你成功，因为你成功就是他们成功。

一天下午，我的朋友迈卡打电话给我。我们聊了聊家庭生活，然后他把自己的最新动态告诉了我："我的生活中发生了一件大事。我们公司的老板把这家科技公司卖了。我就要有一个新老板了。"

我问他："你怎么看？这是一件好事吗？"

"我希望如此。但还不确定。我们确实需要做一些改变，我希望新老板能做到这一点。"

你有过这种经历吗？你的领导曾被新领导取代过吗？不论你是否喜欢前任领导，你至少知道她是什么样的人。现在，一位新的领导者成为公司的 CEO、你的主管、教会的牧师、学校的校长，或者国家的总统。当你思索这些转变时，我想问你同样的问题："你怎么看？
这是一件好事吗？"我敢打赌你的回答会和迈卡类似：
"我希望如此！"为什么我们会希望自己喜欢这位新领
导者？因为希望领导失败就像是希望你所乘坐的飞机出
事，而且只是因为你不喜欢他。不论我们对领导者和演
讲者有什么看法，我们都需要他们好好表现，因为这会
影响……我们自己！

　　人们会希望你成功，你成功就是他们成功。如果你
的演讲内容与他们有关，那么他们会更喜欢你。

注意力决定方向

　　15岁的迈克·阿克紧紧握着那辆破车的方向盘。

　　我在学开车。我把车开向了中线，不停地轧到嵌在
柏油路里的黄线。教练轻轻地把方向盘向右转，并给了
我一个明智的建议："你看向哪里，就会往哪里开。"我
一直在关注中线，所以我一直在中线上行驶。我想着他
说的话，把视线从中线移开。我看着前方很远处的一个

点，车就开始直线向前行驶了。

　　我敢肯定教练不知道他的驾驶建议对我的生活产生了多大的影响。在生活中的很多场合中，我都会想到这句话。同时我也用这句话来辅导目标设定者、企业主、高管和演讲者。

你关注哪里，就会朝着哪里前进。

　　如果你站在台上，只关注自己做得好不好，那么你就会紧张、担心、害怕。你会感觉每个人都在审视你、评判你、批评你。记住，所有人的目光都在你身上并不意味着他们把注意力都放在了你身上。他们看着你，听着你说话，但他们想着的是自己。

　　转移一下你的注意力，想想他们。你可以如何帮助他们？如何指导他们？怎样做才能鼓励到他们？如何教导他们？你的推荐如何服务于他们？

你的目标是什么

公众演讲的目标很少会是："我想让每个人都看到我有多了不起"。如果这是你的目标，那么这份事业很可能不会长久。想想那些站在别人面前演讲的人们，他们的目标是什么？

注意目标如何从一开始的"我"或"我的"开始，进而转向帮助别人。

主持人

- 我想让活动一切顺利，让组织者放心。
- 我的演讲能帮到别人。

销售员

- 我信任我的产品或服务。如果我的听众购买了，将会对他们有所帮助。
- 我的推荐会帮到别人。

拍卖师

- 人们来到这里是因为他们想要买一些东西，和我无关。
- 我的陈述会帮助人们得到他们想要的东西。

牧师

- 我相信我传递出去的信息，我的教众需要了解这些观点。
- 我的讲道会给予别人指导和希望。

政治家

- 我了解现在需要做什么，我的人民需要代表。
- 我的竞选将会给人们带来希望和积极的改变，我会帮到人们。

报告者

- 我了解业务的一个重要方面，我的同事也需要知道这一点。
- 我的报告会更新团队的认识，让我的老板感到满意，我是团队的一员。

祝酒者

- 新娘和新郎是我的朋友，他们对我来说很重要，我受邀发言。
- 我的话会让大家想起很多有趣的回忆，也会激发很多想法，我向他们致敬。

高管

- 我的公司和员工需要远见，我需要对大家演讲。
- 我分享的远见将会使一切变得协调、清晰和统一，我会帮到大家。

是的，这些目标以"我"开始。毕竟，我们要对自己的部分负责。然后，目标制定者会将"我"与"他们"联系在一起。这将使这些演讲变得更有效，变得不那么令人伤脑筋。

我们可以在任何一类演讲中做到这一点，无论它属于学校、商业、娱乐、市政、军事或任何其他领域。任何一类演讲的目标都可以是帮助别人以及为你的观众服务。

有没有人的目标是为自己服务？当然。通常情况下，我们可以看透这种目标，而且不会被它们吸引。在某些罕见的情况下，名誉和虚荣会使人深陷其中。他们的目标是被人喜欢，一条不友好的评论就会让他们陷入绝望。你不要这样。不要把最大的目标设定为被人喜欢，而应该去探究你的演讲、报告或谈话会如何帮助到别人。

问问你自己：我如何做才能帮助、服务、娱乐、告知、教导或激励他们？我想为他们服务。有意思的是，当你开始关注他们时，他们就会开始喜欢你。

用心投入

在演讲之前，把自己与观众联系起来。花一天或一周的时间，思考以下问题：

- 你为什么要演讲（愿望、义务、责任）？

- 他们需要或想要什么？

- 你如何为他们服务？

- 你的听众是谁？

然后全心为他们投入：

- 他们的希望和梦想是什么？

- 他们害怕什么？

- 你可以把哪些自己拥有的带给他们（鼓舞、建议、信息、欢笑……）？

- 他们为什么要听你演讲？

- 他们更关心的是什么？

- 你认为他们可能会有什么隐藏的担忧（与他们共情）？

- 你如何增添价值？

领导力大师约翰·麦克斯威尔（John Maxwell）讲过一个很棒的故事，故事的主题是关于他曾在一次慈善活动上做的一场主题演讲。活动的组织者计划了太多的内容，没有给与会者足够的休息时间。在约翰·麦克斯威尔之前的演讲者似乎更想要完成自己准备好的内容，而没有考虑到观众已经疲惫不堪。倒数第二场演讲结束后，主持人介绍了约翰·麦克斯威尔。一般来说介绍完之后会听到热烈的掌声，但是人们都累了，人们更关心自己，而不是站在台上的那个人。约翰走到舞台边，看了看观众。你觉得他看到了什么？

他看着与会者：他们不需要更多的演讲了，他们不想再听了。此时约翰进退两难，他是被雇来演讲的，是这次活动中最有名的演讲者。他要怎么做？他要专注于演讲还是考虑观众？

他一边走上舞台，一边环视了一下观众，然后说道："今天真是漫长的一天，漫长的活动。我们大部分人都很累了。我的领导力演讲如下：一切的起落都取决于领导力。"就这样，他讲完了。

在这段极其简短的发言之后，他走下舞台坐了下来。观众们在思索发生了什么，沉默了一会儿。突然，人们起立鼓掌，会场爆发出雷鸣般的掌声。约翰看重的不是自己演讲的内容，而是观众。

采纳这一条策略吧，然后你会发现：

你越重视你的观众，他们也会越重视你。

你越是为观众服务，你就越不用担心自己的表现。

你越是关注他们，你就越不会害怕他们。

行动：演讲前后多做一些工作

当你把演讲的焦点从自己转移到他人时，你可以运用以下这些方法，在演讲前后多做一些工作。

（1）计划多做一些事情。

（2）学会倾听。

（3）探索发现他们的想法。

方法一：计划多做一些事情

思考在活动之前、期间或之后你还可以做些什么。艾伦·德詹尼斯（Ellen DeGeneres）和奥普拉·温弗瑞（Oprah Winfrey）赠送礼物的方式或许可以给你带来一些启发，这样做会让人们喜欢他们！

- 你可以寄送手写的卡片吗？
- 在活动前后给其中一些观众打个电话，如何？
- 你可以提供什么赠品？
- 准备一些零食、糖果或饮料呢？
- 有没有一样东西跟你的演讲很搭，并且可以把它递给哪怕一位观众？
- 你可以为这场活动提供记事本、笔或书吗？
- 为观众提供一项免费的服务，怎么样？
- 给所有人拍一张照片会使演讲的效果更好吗？拍摄一段视频或为每个人发放一张代金券呢？

方法二：学会倾听

当我辅导商业客户时，我们经常关注这一条关键原则：领导者是倾听者。在公众面前演讲是一种领导力，而领导力归根结底就是影响力。当你做报告、做演讲、发言或传递信息时，你是在试图影响人们的情感、行动和理解力。如果领导者需要倾听，并且演讲者也是领导者，那么演讲者就需要倾听！要学会倾听。

　　倾听不仅能帮助你围绕他们而非自己展开演讲（这有助于减轻你的恐惧），还能提高你理解观众的能力，你会知道该避免什么，该在哪里停留，并意识到什么时候该早点结束！倾听有助于你表演、做手势、微笑、呼吸、成长、成熟和学习。学会倾听。

专 业 建 议

　　不论你有多擅长公众演讲，如果你想在人生中更上一层楼，那就要学会倾听。

　　最杰出的领袖、科学家、政治家、哲学家、咨询师、牧师、教师、喜剧演员和其他演说家都会非常努力地掌握观察的艺术。这项倾听的能力让他们有话可说。当他们说话时，他们会变得更有趣，因为他们能够提供对周围世界的见解。倾听别人会让你变得更有趣。

　　倾听会让你变得更聪明。正如美国著名的电视节目主持人拉里·金（Larry King）所说："我每天早上都会提醒自己，今天我说的话不会教会我任何东西。所以如果我要学习，我必须倾听他人。"倾听会让你成长。

倾听也会让你看起来更聪明。《旧约·箴言》第 17 章第 28 节中有一句古老的智慧谚语："愚昧者若静默不言，也可算为智慧；闭口不说，也可算为聪明。"

倾听能让你与共事者产生共情。当你了解了一群人，你就知道如何对他们说话。如果你花时间去倾听，你就会理解他们的担心、恐惧和担忧。倾听可以把注意力从你自己转移到他们身上。如果你想减轻对公众演讲的恐惧，学习倾听吧。毕竟，这与你无关。

这一周可以练习你的倾听技巧。我必须承认，这段话也是写给我自己的。我还没有掌握这种能力，我会和你一起成长。本周，让我们努力锻炼我们的倾听能力。花点时间来做这项练习：

- 在本周，你可以从哪5个人身上了解更多（也许可以选择你未来的观众）？了解他们背后的故事、目标和梦想。

方法三：探索发现他们的想法

这条策略是在教你理解他人的重要性。当你思考即将到来的对他人交流的机会时，花点时间实践这条策略。拿出一个记事本或在电脑上打开一个新文档，然后写下这些问题的答案。当你更多地想到他们的时候，注意你的目标会如何从专注于自己的表现转为帮助别人。

- 你为什么要演讲？
- 你的观众需要或想要什么？
- 你如何做才能为他们服务？
- 你的观众是谁？
- 他们的希望和梦想是什么？
- 他们害怕什么？
- 你可以把自己拥有的哪些带给他们？
- 他们为什么要听你演讲？
- 他们更关心什么？
- 你认为他们可能会有什么隐藏的担忧？
- 你可以如何增添价值？

关注点在哪里，能量就会流向哪里。

——托尼·罗宾斯

策略 6:
疏导你的能量

经常有人会问我:"迈克,你上台后过了多久才会不再紧张?"

下面是我引以为豪的回答:"我每次都很紧张"。

"你的意思是,如果我运用这本书里的 7 条策略,我仍然会紧张吗?那还有什么意义呢?"

以下是我的承诺。当你运用这 7 条策略时,你的恐惧不会完全消除,只会有效缓解。这是一件好事。不要摆脱你的紧张,要学会疏导它。

洛乌教会我如何出拳

2011 年,我接受了一份新工作,我和我的妻子泰勒搬到了一个新的城市。一家非营利组织聘请我担任他们的主席，帮助他们扭转局面，当时这个组织负债数百万美元，客户群规模日益缩小。这是一份巨大的责任。因为这份工作一开始付给我的薪水相比原来减少了，所以我的妻子做了第二份工作。我每周工作 7 天，以解决这家非营利组织过去的失误，改善财务状况，重组各个部门，与老客户修复关系，并改建我们的大楼。同时我也遇到了很多事。这个角色需要承担很多压力。

你是如何应对压力的？

压力是一种负能量，会导致各种健康问题、饮食失调和失眠。我能感觉到身体里的压力。一天，我遇到了洛乌，他曾经是这个组织的员工。后来，他开办了一家综合格斗学院。他邀请我接受免费的训练。每周 3 次，我会在早上和他见面进行个人训练。他会教我怎么踢腿、怎么出拳。他对我的训练很严格。有时，当我训练过度的时候，我会呕吐。他会让我每隔两分钟就背上沉重的袋子，然后爬楼梯、做俯卧撑，等等。他每天都会督促我完成训练任务。当我的能量流向猛击、踢打和拳击对打练习时，我注意到负面的压力能量消散了。我发现我可以在运动中把压力带来的负能量转化为正能量。

化腐朽为神奇

当我把负面的能量转化为积极的结果时，我开始睡得更好，吃得更好，看起来更好，感觉更好。当你把一些潜在的消极的东西转变为积极的结果时，任何事情都会变得更好：

- 我的爸爸努力工作，带我和妹妹从那不幸的童年中走出，活得更幸福。他的负面经历和对失败的恐惧成为他学习如何正确做事的动力。

- 明智的将军会在军队中这么做。他们会研究战败的结果，并制定策略，从过去的错误中学习如何在未来取得胜利。

- 聪明的学生会在学校使用这条策略。他们知道自己做错了什么，会疏导自己对再次取得低分的恐惧，将其转化为能量，确保自己将来能取得好成绩。

- 有竞争力的运动员会努力把失败和糟糕的表现转化为胜利和优势。

- 甚至河流的力量也可以被引至水电堤坝，为电网创造能量，并减缓河流的流速。

领导力大师和导师约翰·麦克斯威尔是这样说的："当你进入低谷的时候，多多鼓励自己。"

这种现象在我们的生活中随处可见。我们可以疏导负能量，从中获得积极的结果。

能量是恐惧的反面

你的恐惧可以转化为能量，用于发言、面试或其他形式的演讲。不要消除你的恐惧，缓解它，然后用剩下的原始能量为你的交流提供动力。

如果你消除了恐惧，那么你也就消除了让自己变得有趣的能量。

你见过无聊的演讲者吗？他们可能非常了解演讲的内容，可能是专家，经常会在他们创立的组织面前，或在每年教学的教室里、教会前、同事面前演讲。这些无聊的沟通者把听众视为理所当然。他们认为观众在场就代表着他们感兴趣。他们做演讲不是为了建立联系，只是为了把内容交代给你。

为什么有些演讲者很无聊？其中一个原因是：他们不再在乎结果。

你会感到担心、害怕、紧张、怕说话是因为你在乎。你想要做好，想要传达自己的信息，你在乎别人的看法。

为什么有些演讲者会让你无聊到睡着？因为他们变得自满起来。

如果你真的想彻底消除你的紧张、焦虑和恐惧，我可以教你怎么做。我不推荐这种做法，但它确实起到作用。那就是让自己自满起来。网上快速搜索"自满"，得出的定义是这样的："对自己或自己的成就表现出沾沾自喜或不加批判的满足。"如果你想消除恐惧，就要变得骄傲。如果你想在演讲中摆脱焦虑，那就相信自己是了不起的，其他人能听你说话是一种荣幸。如果你摆出一副傲慢的样子，你的紧张情绪就会消除……而且会变得事不关己。但我建议你，不要完全消除你对演讲的恐惧，而是把紧张的担忧转化为集中的能量。

你在乎谁

我在墨西哥长大，在马萨特兰学会了开车，在当时，那是一个几乎没有红绿灯的大城市。开车就是握紧方向盘往前冲，没有别的选择。如果你等别人，你就会在车道上永远等下去。你必须学会把其他人当成与你抢道的汽车，才能超过他们。

我在墨西哥学会了开车，然后搬到了美国。20 多年后，我仍然习惯的是在墨西哥开车的那一套。最近，泰勒和我分别开车离开了家，她先带着我们的儿子离开，我追上了她，她开着的车在过绿灯时慢了一会儿。我对前面那辆"愚蠢的车"感到心烦，然后我意识到那是我的妻子和儿子！我是一个好斗的司机，比起周围的"愚蠢的车"，我更关心自己。我正在努力改变这一点。

22 岁的一天，我以每小时 35 英里 ^①（也许是 50 英里 ^②）的速度行驶在回家的路上。在一个十字路口，我的车道是绿灯，所以我继续往前开。中间转弯车道上停满了汽车。对面驶来的一辆车在耐心地等待一个时机，好左转驶过我这条车道。谁知道这辆车在我经过时开始穿过我的车道。

砰！乓！轰！（发出了漫画书里的各种声音）我闪亮的新车撞上了那辆车。我好斗的一面出现了："真是个白痴！！哪个人会不注意自己开的方向呢？"我猛地推开车门，跳了出去，我的神经末梢充满了原始的能量。我准备冲到司机面前，把我的愤怒全部发泄出来。

一位年轻的母亲从车里走了出来，她在哭。她跑向我撞到的车门，跑过去时对我说了句"对不起"。谢天谢地，我能够闭上嘴。她使出了神奇女侠一般的力量，猛地拉开了那扇皱巴巴的车门，查看坐在被撞坏的车门后面的那个蹒跚学步的孩子。

---

① 35 英里：约 56 千米。

② 50 英里：约 80 千米。

哦等等，我不是撞到了车，我是撞到人了。在那一刻，我的负能量变成了慈悲的关怀。我跑向她，没有理会她的道歉。我能帮什么忙吗？那个小女孩在哭，另一个孩子在不停地说话。这位母亲惊慌失措。我把所有的精力都用来确保他们没事。我帮她把车和她的家人从路上移开。

小女孩没事，我也是。母亲和我交换了信息，我们向警方报告了这件事，然后继续自己的生活。当我开着我那辆"一瘸一拐"的车离开时，我悟出了一个道理。我的愤怒可以用来帮助别人，而不是用言语和攻击去伤害他们。我们可以用自己的激情去帮助别人。

"干得好，迈克。"

谢谢你。

"但这和我有什么关系？"

和你完全有关。我们要把担忧的巨大能量转化为祈祷或积极思考的能量；要把使人精疲力竭的焦虑的能量转化为带给人希望的倾听的能量；要把恐惧的负能量转化为令人兴奋的正能量。

要学会疏导你的能量。不要试图完全消除它。

水坝的能量

你参观过水坝吗？小时候，我们一家曾一起参观华盛顿州的大古力水坝（Grand Coulee Dam）。小时候，我们的父母从不说脏话，我们也以他们为榜样，但那天我们破例了。"爸爸，看那些鬼树，在鬼湖旁边，那条鬼路的另一边。[1]"这一描述很可笑但很有趣。我跑题了。让我们回到通过疏导能量来帮助你克服紧张这个话题。

想一想水坝会给你带来帮助。

大古力水坝高 550 英尺[2]，宽 500 英尺[3]。水坝后面大约有 6 ～ 12 立方千米的水！这就在以前河流流经的地方形成了一个巨大的水库（或人工湖）。

当水被引入水坝的闸门时，水流的力量会推动一个巨大涡轮机的叶片。这种运动会带动水力发电装置。美国垦务局告诉我们，大古力水坝每年会产生"210 亿千

---

① 译注：三个"鬼"字，大概是在表达惊讶。

② 550 英尺：167.64 米。

③ 500 英尺：152.4 米。

瓦时的电力，足以为 230 万家庭提供一年的用电"。多
么巨大的水坝能量。

当你为演讲做准备的时候，能量水流正在水库中积
聚。紧张、压力、诸多的在意、恐惧和焦虑正在你的内
心累积。不要消除它，不要变得过于自满或无聊，也不
要一下子把所有的情绪都释放出来，成为一个在没完没
了的紧张能量中依然对着观众滔滔不绝的演讲者。

甚至大坝也有不止一种方式来释放水的力量，因为
闸门承受不了这么大的水压。胡佛大坝（Hoover Dam）
是最著名的水坝之一，它是用钢筋混凝土建造而成。即
使是这一堵钢筋混凝土的巨墙，也不足以承受水库里全
部水的原始重量。水坝不仅会将水引入闸门以提供有用
的电力，而且每座水坝中都建有多条溢洪道，以便在不
破坏水坝的情况下放水。胡佛大坝每秒可以排出 20 万
立方英尺 ① 的水，使其以每小时 120 英里 ② 的速度流出！
这和尼亚加拉瀑布（Niagara Falls）的原始力量是一样

––––––––––––

① 　20 万立方英尺：5663.36 立方米。

② 　120 英里：193 千米。

的！多么巨大的水坝能量。

不要消除积聚在你内心的能量。

不要等到最后一分钟才释放。你将会成为信息的尼亚加拉大瀑布，淹没所有的人，而他们完全不知道刚刚发生了什么。这就是我在本书开头所说的，当我站在同学面前时发生在我身上的事。话语会滔滔不绝地涌现，但没有人会记得你说了什么。

演讲当天，用以下3个"水闸"慢慢释放紧张的情绪，为演讲创造正能量。

水闸1：运用停顿

有意的停顿作用很大，它可以创造一段空白，然后观众会用注意力把它填满。观众们会凑近身子，听一听桌子另一边的声音……

停顿也可以让你做一次深呼吸，可以让你控制滔滔不绝的话语，可以让你恢复镇静，让你活在当下。

学会运用停顿的力量。

我多次在演讲稿上写到两个词。"停顿"就是其中之一。当你有意停顿时，你就可以控制住紧张的情绪，而不是让紧张控制你。停顿会让你感到自信而不再仓促地向前推进。停顿会提醒你，你知道自己在做什么。它能让你深呼吸。

水闸2：展示目的

不要在舞台上踱步。有些人这样做是出于紧张，但这会令观众分心，也会令他们觉得你很讨厌。如果你真的忍不住，刚开始练习时可以踱步，但要学着改掉这个习惯。因为如果你在练习中踱步，在演讲时也会踱步。

你应该有目的地移动，而不是踱步。对于一场拥有3个观点的演讲，你应该移动到3个区域，形成一个三角形。与停顿相结合，这能让你镇定下来并发挥能量。有目的地移动也能强调自己的观点。

如何有目的地移动？你可以给自己拍视频，然后回看。也许这会令你感到尴尬，但在自己面前尴尬总比在别人面前尴尬强。观看你的动作，注意什么时候该停止，什么时候该继续。

在演讲中有目的地移动可以为你的紧张情绪提供一个心理上和身体上的宣泄口。演员在戏剧中会有目的地练习移动，喜剧演员会预先计划好他们要站在哪里以及如何运用肢体喜剧，舞台上的魔术师会规划好何时移动到何处。向他们学一学。

水闸3：点燃热情

18世纪初，约翰·卫斯理（John Wesley）在英格兰掀起了波澜。他是一个充满激情的人，在这片土地上创造了令人难以置信的信仰群体。他领导了一场大规模的复兴运动，成千上万的人重新燃起了对一种已经消亡的信仰的渴望。约翰·卫斯理不仅是一位不可思议的思想家和作家，他还很擅长演讲。以下这句话经常被认为出自他之口，即使这句话没有在他的任何作品中出现过。我不知道它真正的来源，但我知道约翰·卫斯理就是这样，你也可以是这样。

用激情点燃自己，人们就会从几英里[①]外赶来看你

———————————
① 译注：1英里约1.6千米。

燃烧。

　　一个充满激情的演讲者是很有魅力的。马丁·路德·金（Martin Luther King Jr.）做过"我有一个梦想"的演讲，约翰·肯尼迪（John Kennedy）说过一句名言："不要问你的国家能为你做什么，要问你能为你的国家做什么。"史蒂夫·乔布斯（Steve Jobs）、奥普拉·温弗瑞、约翰·麦克斯威尔、比尔和梅林达·盖茨（Bill and Melinda Gates）、安德森·库珀（Anderson Cooper）、克雷格·格罗舍尔（Craig Groeschel）、T. D. 杰克斯（TD Jakes），以及其他能吸引你注意力的演讲者都是充满魅力的。

　　你也可以这样。你不需要成为总统、总裁或电视主持人。你只需要拥有热情。

　　关心与你交谈的人。

　　关心把你的观点传达给他们。

　　关心你说话的内容。是的，你要完成的可能是婚礼祝酒词、商业计划书、给同事的报告、面试，或者给老板的详细汇报。内容是什么并不重要，只要你关心和在意这件事。

以紧张为例。带上"关心"，做好所有的准备，让它将你点燃。

你能做到。你会惊艳四座，人们会想听你说话，因为你看上去很关心他们，他们会被你的热情和演讲的内容所吸引。

行动：释放你多余的能量

你可以练习以下 3 种方法，来疏导你的多余能量。

（1）做准备。

（2）锻炼。

（3）深呼吸。

方法一：做准备

高中时，考试日总会让我感到紧张，但我姐姐却会感到能量充沛。这是因为我们准备考试的方式不同。我姐姐平时会认真地检查她所有的笔记，完成每一项任务，读完书上的每一页内容。

但我不会。我会在学校认真听讲，做我必须做的事，放学了和朋友出去玩，然后在考试那天惊慌失措。

当考试日来临的时候，我们俩都充满了能量，也都背负着压力。为什么我姐姐身上的能量会更积极？因为她做好了准备。她会把压力分散到一整天的学习、考试准备和学习小组中。当考试到来的时候，她仍然会感到紧张和有压力，但她能够根据准备进行考试。

我呢？我会把所有的紧张能量都释放到试卷上，在每道题下面都写出最长的答案。我会用我的笔把所有积压的信息都释放出来。

你在事情发生前用越多的能量做准备，那么事情发生时产生的负能量就会越少。事前的计划可以避免出现表现不佳的意外。

把你的精力投入到准备工作中，好好准备你的演讲稿，把它写在卡片上；在镜子前练习，对任何愿意听的人练习；跟着教练练习，让他评价你；在新的卡片上重写演讲稿；在镜子前练习，对你的朋友练习，在你的车

里练习······

你的第一次演讲永远不应该是你第一次讲这些内容。

练习，练习，再练习。对任何愿意听的人练习。你练习得越多，准备就越充分。

"迈克，听起来需要付出很多努力啊！"

努力是在发挥能量。当你通过练习把能量转移到准备上时，你就不会在演讲中分心了。

专 业 建 议

● 参加诸如国际演讲会（Toastmasters International）和戴尔·卡耐基学院（Dale Carnegie Institute）这样的演讲研讨会。

● 聘请一名教练来给予你反馈。

● 邀请朋友听你演讲。

● 如果你去教会，加入一个小组并在人们面前分享。

● 参加社交活动。

方法二：锻炼

洛乌教会了我怎么出拳。当我回想在工作中遇到的问题时，我会想起自己击打沙袋的时候。我把压力转化为了运动。当我的教练让我改做另一项运动时，我开始更用力地击打沙袋，在健身房待的时间也更长。我经常会神经紧绷地走进健身房，然后身心轻松地离开。

去健身房吧，跑个步或者散散步。让你的血液和能量流动。如果你把大量的精力用于体力活动，你就不容易被情绪左右。

专　业　建　议

如果你真的很担心即将到来的演讲，那么就按照以下这种方式锻炼（选择适合你的锻炼类型和强度）。

5天前：做一些锻炼。

4天前：平常地度过一天。

3天前：轻度锻炼，保持健康饮食。

> 2天前：狠狠锻炼一天！去运动吧，让自己筋疲力尽，然后健康饮食。
>
> 1天前：休息保持健康饮食。
>
> 当天：稍微做一些锻炼，主要做拉伸。保持健康饮食，确保你吃东西了。不要跳过吃饭这件事，你可以少吃一些，但仍然要吃。

方法三：深呼吸

大多数人呼吸不足。有很多书和博客告诉我们为什么深呼吸很重要，也有一些书和博客教我们如何呼吸。总而言之，深呼吸是有用的。

花点时间深呼吸可以尽快恢复你的活力，它能让你从内心深处平静下来。深呼吸与平静、静止、冷静有关。相反，呼吸短促是恐慌症发作的特征。学会深呼吸，把恐慌转化为平静。

在比赛前几天练习深呼吸，这样你就做好了准备，可以在演讲当天深呼吸了。

下面是我做的一项基本练习（注意：我不是一个训练有素的健康专家）。

①以一种舒适的姿态坐着。

②把一只手放在胸口，另一只手放在肚子上。

③闭上眼睛。

④通过鼻子吸气。

⑤留意肚子把手推了出去（胸部保持不动）。

⑥张开嘴呼气。

⑦留意肚子缩了回去。

⑧重复6次。

⑨留意身体和呼吸。

⑩睁开眼睛，微笑。

练习这3种释放能量的方法，为你的演讲做好准备。

（1）做准备。

（2）锻炼。

（3）深呼吸。

不要为明天忧虑。因为明天自有明天的忧虑。

——耶稣

策略 7:
学会享受当下

这一天终于到来了，泰勒和我要结婚了。仪式开始了，司仪引我走上舞台。我们的婚礼队伍开始慢慢走向舞台，每个伴郎身边都有一个伴娘，小女孩边走边撒花瓣，音乐响起了：那个时刻到来了。每个人都站了起来。泰勒的父亲开始牵着她走过红毯。时间冻结了。

一切都很完美。

也许你经历过我所说的那种狂喜。

但当我回忆那一刻时，还是会起鸡皮疙瘩。这是一个值得重温的时刻。当泰勒和我发表爱情宣言时，时间似乎静止了。然而，并非一切都是完美的：早些时候，我们在婚礼音乐方面遇到了意外，花费很多精力创建的播放列表没法用了；我们花了几个小时布置蜡烛，结果发现，因为会场会铺新地毯，所以我们不能用真的蜡烛；我们还需要处理一些友情和家庭方面的问题；我们的摄影师没有按照我们的要求做；发型师做的发型不太成功，还发生了一些更疯狂的、再也不想经历的事。并非一切都是完美的，但当泰勒走上红毯时，这些不完美都不重要了，只有那一刻是重要的。

重要的是这一刻。读到这里的时候，你可以暂停一下。这一刻很重要，你现在在这里，就在当下。

年龄和阶段的讽刺

我5岁的时候，希望自己是10岁；10岁的时候，希望自己是15岁；15岁的时候，希望自己是16岁；16岁的时候，希望自己是18岁；18岁的时候，希望自己是21岁；21岁的时候，又希望自己是25岁。

当我30岁的时候，希望自己是25岁。现在我快40岁了，我希望自己是21岁。

你也有这种感受吗？当你年轻的时候，你想长大。

现在你长大了，却想要变得更年轻。多么讽刺啊！我们常常希望自己的年龄和现在不一样。

在生活中，我们总是忙着想去别的地方，却忘记了自己身在何处。

我猜现在，你想来到演讲结束后的那一刻，你只想"赶快做完"这件事。学习演讲有 3 个阶段。如果你一直想着跳到最后，那么你就无法在这里学到东西。

学习的第一阶段：准备

在准备阶段，你要潜心研究演讲内容并提高演讲技巧。这太令人兴奋了！不要希望它快点结束，否则你会错过现在可以学到的东西。不要像 15 岁的孩子一样拼命想长大成人，否则你会错过很多的！

提高技巧：学习如何演示报告，学习流利地表达，增加词汇量，了解当下的力量，练习韵律、节奏和停顿，这太令人兴奋。学习一些新技巧，这将有助于你的演讲和超越！

做好准备，你将能掌握更丰富的技巧。

内容: 取决于你演讲的类型，这将会是一段令人兴奋的时间，你可以探索新的专业知识领域，或学习全新的信息。

提前做准备会让你获得更多的知识和更深刻的理解。不要错过这个阶段，活在当下。

学习的第二阶段: 演示

在演示阶段，你要学习磨炼自己与人交往的能力。这种能力不再关于内容，而是人与人之间的联系。在演示的时候，你必须把自己所讲的内容放在一边，努力与你的观众建立联系。这意味着你可能会遗漏一些内容。没关系，记住下面这点:

当你遗漏了内容，你会建立新的联系。

在演示阶段，你需要了解观众想要什么，不要错过这个阶段，不要寄希望于自己能回头重写演讲稿，也不要匆忙推进，让自己身处于当下。注意人们会对此会有什么反应。看看什么内容会让他们点头，再用你的能量激励他们。

在一对一的交谈中，我们能看出对方什么时候没在听自己说话。在私人环境中，我们可以分辨出某人是否对交流不感兴趣。同样地，作为观众我们可以判断一位沟通者是否专注于自己所讲的内容。如果你在演讲时没有全身心投入，那么就会错失从观众那里学到东西的机会，他们也会错过你所讲的内容。

不要去想你"本应该"写些什么，不要把自己束缚在笔记中，也不要急着向前推进，和观众在一起，围绕着他们展开你的演讲。

学习的第三阶段：反思

通常情况下，当我们完成一项任务后，就会马上转向下一项任务。所以我们无法享受胜利或从失败中吸取教训，公开演讲也是如此。不愿演讲的人经常会说，"哇，我真高兴演讲结束了"，而没有意识到花点时间反思会让自己对所表达的内容以及与观众建立的联系得到更深的理解。

花点时间（哪怕是 5 分钟）对你的演讲做一个快速的"庆祝—删减—改变"（Celebrate-Cut-Change，简称CCC）。不论是简单的工作报告、学校演讲、婚礼祝酒词还是高级别的活动，完成之后都花时间做一轮 CCC。

庆祝

你在哪方面做得很好？什么内容或技巧起了作用？对这些了然于胸后你就可以再次运用了。

删减

哪些内容或技巧效果不好？你需要避免什么？把它们记录下来，这样你就不会再犯错。

改变

哪方面可以做得更好？哪些内容可以进行修改？做个记号，下次就可以改进了。

单口喜剧演员有一套自己的流程。他们会自己创作内容，然后在一个小俱乐部表演。在那里，他们可以看到哪些内容可以与观众建立联系，然后庆祝并保留美好的部分，删减效果不太好的部分。他们会改变、调整和改进蹩脚的笑话。所以，单口喜剧演员会不断进步。

记住专业单口喜剧演员的这条建议：在准备中学习，在表演中学习，在反思中学习。这样做会让你不断提升自己，提升你未来的演讲效果。

不要跳过这个步骤。花点时间，享受当下，也享受你的演讲之旅。

我们生活在一个社交媒体的世界

你会多久查看一次社交媒体？

　　如果你像我一样，那么答案可能是：总是如此。所以，我暂时停用了脸书账户。最初，我很想念脸书，想念那些励志名言、好辩的人、政治辩论、记录孩子的视频，以及知道其他人在做什么的感觉。然后我经历了一次顿悟。我一直忙于通过别人的生活来代替自己的生活，以至于无法享受当下的时光。

　　我的任务就是好好享受此刻。

　　推特、脸书、领英……这些社交媒体有什么共同点？每个平台都能把你从自己的生活中偷走，转而去羡慕别人的生活。这些平台可以引诱我们进入一个虚拟的存在，从而使我们无法生活在自己的现实中。

　　如果你不小心，你可能会开始拍摄完美的小红书照片，同时讨厌那些站在滤镜后面的人。

　　如果你不小心，你会在心理上与自身的期望，以及真实人物的虚假化身竞争。

　　如果你不小心，你会把自己的工作、表现、演讲、成绩与别人所发布的夸张、美化过的生活做比较。

　　你不了解他们，你无法成为他们；你无法回到过去，也无法前进一步。当谈到你的生活、技巧和演讲时，记得要把社交媒体的心态放到一边，放弃吧。把下面这句话圈起来，写在你的镜子上，记住它。

如果你与他人比较、竞争，你将生活在失败里。

不要为了成为别人而把自己压垮。

你的过去已经发生，未来还没有确定。不要因为担心未来会发生什么、在"那个"时刻你要怎么做而把自己压垮，享受当下。

享受当下

你的任务就是好好享受当下。

现在，你正在努力克服对公开演讲的恐惧。做得很好，我为你感到骄傲。你能做到，你真的可以！因为我做到了，因为我看到很多客户都做到了。现在，无畏演讲是你的首要任务。

努力吧。

真正地努力一场。

用我在本书中提供的观点来改变你的理念，改变你对演讲的看法，然后你就会改变你的演讲方式。深入思考，并完成书里的练习；改变你的理念；面对逆境，鼓起勇气战胜恐惧！你可以做到。

完成你的工作，享受这个过程，让自己活在当下。

当那一刻到来时，你可以这样做……

今天，你要发表一场演讲！

放松。你准备好了吗？现在，一切都不重要了。

你做完所有的练习了吗？也许吧，谁在意呢？你无法改变这一点。

你了解自己的演讲内容吗？你身边有笔记，也已经尽可能去记了，所以，微笑吧。

其他人会做得更好吗？也许会。但忘了他们吧，只管做你自己。

人们会喜欢你的演讲吗？希望如此。尽自己所能，剩下的就别管了。

你能帮到观众吗？是的。你就是为了他们才站在这里，因此，好好享受和他们交谈。

可能会失败吗？现在不要想这个问题，别担心后面的事。如果发生了，你也无法改变它。

你本应该改变演讲内容吗？不，不会，不可能，放弃这个想法。

现在你能做些什么改变？什么也做不了。所以让自己活在当下。

过去无法改变。

未来还未确定。

此刻已经来临。

此刻就是你的现在。

像接受礼物一样接受它吧。

享受你为演讲做准备的时刻，享受克服压力的过程，享受你的练习。实现它，拥抱它。让自己活在当下。

当你发表演讲时：记住疏导你的能量；面对一个人演讲，而非所有人；深呼吸，微笑，做自己；尽自己所能，活在当下。

那么演讲完之后呢？

逝者不可追

不要太自责，也不要太用力地为自己鼓掌，微笑吧。发生了就是发生了，好好接受它，不论如何，都不要后悔，你做了该做的。微笑吧，抬起头来，为自己直面恐惧而感到自豪。你是一位摇滚明星！现在，你做得有多棒已经不重要了；如果你认为自己做得不好，那也没关系。重要的是你如何变得更好。

演讲结束后，你应该按照下面这份清单来做：

- 刚结束：

  微笑吧，你做到了，享受当下。

- 结束当天：

  不要关注任何负面的事情，不要寻求夸奖，对自己微笑，为自己感到骄傲，为自己鼓掌，享受完成一件事的感觉。

- 演讲结束的第二天：

  重温那一刻，这样你就能从中吸取教训。将自己当成一个感兴趣的第三方来看待这件事。如果你能观看自己的演讲过程，那就这么做吧。写下3件你下次可以有所改进的事情。是3件事，不是30件。在30个不同的方面进行改进是非常困难的。但是，你可以改进3个方面。不要对自己过分挑剔。要多多鼓励自己，不要贬低自己。这很重要。

  变得更好的关键是问问自己表现得如何，然后第二天再做一次。你也可以邀请别人来帮你一起完成。

- 演讲后的日子：

  微笑吧。享受那一刻的记忆。

  如果你在演讲中表现得很好，恭喜你，但不要长久地醉心于一时的成功。享受过去那一刻的记忆没问题，因为你在过去做得很好，但要活在当下。

  如果你表现得很糟糕，没关系。不要被所谓的失败打倒，因为你完成了演讲，所以其实你就是成功的！松松肩膀，做一次深呼吸，给自己一个微笑。

  如果你始终忍不住因为这场演讲而感到难过，那么回到策略 1：露出并清理伤口。问问你自己，为什么我允许这场演讲对我产生这种影响？

最后的调整

我很少建议演讲新人在演讲当天做出改变。演讲的规模越大，准备工作就越多。更充足的准备意味着演讲者会进入一种状态。不要试图在演讲当天改变这种状态。

我建议在演讲当天做 3 个简单的调整，你现在就可以开始做。

（1）轻轻地耸动肩膀。

（2）做一次深呼吸。

（3）不要忘记微笑。

"迈克，你已经告诉过我要深呼吸和微笑了。"是的，我会再强调一遍。这是很重要的调整策略，原因很简单：当你改变你的姿势、呼吸和表情时，你就改变了你的感觉。

不要改变你的大纲、观点、结构或表演。只需要做一些微小的调整：耸耸你的肩膀，做一次深呼吸，然后微笑。

一位智者的临终遗言

古犹太文学讲述了有史以来最聪明的国王所罗门王（King Solomon）的故事。所罗门是个奇迹。他站在父亲的肩膀上取得了更大的成功，把以色列这个小国发展成为一个超级大国。在所罗门统治的40年间，白银变得像石头一样司空见惯。巨大的建筑以我们至今都无法理解的方式建造起来（他把巨大的石头从一个遥远的采石场搬到耶路撒冷的最高处来建造圣殿）。全世界都在寻求他的智慧。如今，世界仍然受益于出自他口中的成千上万的谚语、诗歌、故事和歌曲。

在他生命的最后，他写下了《传道书》（*Ecclesiastes*）——一本探索生命意义的书。他讲述了自己，如何建立一个帝国，并选择运用自己的财富、名望、教育和经验，探索能给自己的内心带来快乐的东西等故事。他都体验过。他积累了无数的财富，他拥有的奢侈物品是我们至今难以企及的，他受到了全世界的尊敬。从各方面来看，他的生活都很充实。那他得出了什么结论？

"我就称赞快乐，原来人在日光之下，莫强如吃喝快乐，因为他在日光之下，神赐他一生的年日，要从劳碌中时常享受所得。"——所罗门王（《传道书》第8章第15节）

所以，所罗门的遗言就是享受当下。生活正是如此。这适用于生活的各个方面，包括你的演讲。

活在当下。不要提前，不要滞后。就在此刻。

我的"覆水难收"心态

多年来我一直在主持活动。在活动开始前，我们会疯狂地做准备。我们会推进、强调、纠正和计划。我做事缜密且一丝不苟，有时我会在准备执行活动时惹恼我的团队。

每一场活动都不可避免出错。当问题发生时，我的团队会紧张地看着我。他们以为我愤怒、生气、恼火、批评或找人对质，但我（通常）不会。

我的团队曾表示很惊讶，因为当时发生的这些事故并未干扰到我。他们认为，"他在活动前压力很大，

情绪紧张。发生这种事故会让他崩溃！"但事实并非
如此。

为什么在活动之前我会紧张、担心，去计划、准
备、吹毛求疵并向团队施压？

因为我还能做点什么。

为什么当问题发生时，我却微笑着耸耸肩，说"会
没事的"？

因为我无法改变已经发生的事。

你利用压力来推动自己在活动前做好准备，把即将
到来的演讲焦虑转化为准备演讲的能量。练习，行动，
努力工作。提前做好计划可以避免表现得不尽人意。行
动起来！行动起来！行动起来！你可以变得更好。你能
做到，你能行！为这场活动做好准备吧！

你所做的一切准备都很重要！雇一位教练，在活动
开始之前修改演讲稿。

尽自己所能！

……

……

……

……

……

然后……

当活动开始时……

当你开始演讲时……

享受当下。

你可以准备得更充分一些吗？或许是的。

但现在这不重要，只要微笑就好。

当活动开始，你开始演讲时，好好享受那一刻。

不论你在撰写演讲稿时做了什么样的准备，这一步都已经过去了。现在不是为此感到紧张的时候，是时候展示你的成果了。

你会表现很好的。

当你准备好开始演讲时，对自己说：

"我会表现很好，我会尽我所能。我站在这里，我要享受这一刻。"

行动：如何享受当下

现在是时候训练你的大脑去思考了。学会超越遗憾，放下忧虑。如果你学会了享受当下的艺术，那么就能让自己身处演讲的那一刻。

训练大脑思考的 3 种方法：

（1）关注细节。

（2）列一份感恩清单。

（3）活在当下，享受当下。

方法一：关注细节

我和妻子在观看网剧《惩罚者》（*The Punisher*）时，反派在试图拼凑出发生在他身上的事情时通常会勃然大怒。他总是会回想过去，无法控制自己的暴力情绪。当这种情况发生时，精神科医生通常会建议他："说出房间里 5 个蓝色的细节。"这种关注细节的行为会使他平静下来，重新回到当下。

这个网剧中出现的技巧在现实生活中很管用。这种方法不仅仅出自一位女演员之口，真正的精神科医生会教人们用这种方法处理愤怒和焦虑。它很有用。

它对你也会起作用的。它会让你慢下来，会把你带回当下。以下是我给你的非精神病学建议：现在就开始训练自己活在当下。当演讲开始时，你就可以身处于那一刻。你将准备好发表演讲，而不是关注本可以做些什么或可能会发生什么。学会活在当下。

如果你学会注意周围的事物，你也会学会在演讲时注意人们的需求和愿望。所以开始吧，把书放下或按下暂停键。你身边的 5 个蓝色细节是什么？

方法二：列一份感恩清单

每天早晚，我都会写下 3 件让我心存感激的事。这会帮助我关注当下，而不是让大脑被已经发生的事情或可能发生的事情所占据。

2018 年，我偶然读到了索尼娅·柳博米尔斯基（Sonja Lyubomirsky）的《如何获得幸福》（*The How of Happiness*）。这位著名的教授和心理学家毕业于斯坦福大学和哈佛大学。经过广泛的研究，她推荐了一些可以来增加幸福感和减轻压力的简单方法。其中之一就是列一份感恩清单。

定期列感恩清单已被证明可以减轻担忧和焦虑。

在演讲之前，写下3件你感激的事情。"我就要做完这件事了"不能是其中之一。相反地，你要让自己暂停一下，想一想生活中让自己心存感激的事物。当你关注感激的事物时，担忧就会消失；当你回想这些事物的细节时，微笑吧。

感恩可以减轻生活中的担忧和焦虑，也会有助于你的演讲。

方法三：活在当下，享受当下

一位当代诗人给出了这样一个明智的建议：

嘿！

如果你有一次可能，

或一个机会

去抓住你想要拥有的一切

此时此刻

你会紧紧攥住

还是就让它这样溜走?

你最好在音乐中迷失自我,沉浸于当下

那是属于你的,你最好不要让它溜走

你只有一次机会,不要错过让自己闪耀的机会

它只会在你生命中出现一次

下定决心,你可以做到一切……

　　　　　——歌曲《迷失》(Lose Yourself)中的歌词

　　你曾经害怕的时刻即将来临(说"曾经",是因为现在的你正在面对这份恐惧)。当它到来的时候,好好表现。你只有一次机会。

　　沉浸其中,让自己身处于当下,按照计划行动。抛

掉你的忧虑，对着一个人演讲。记住，这与你无关。你能做到。我相信你。

最后两句话：

做深呼吸，尽情微笑吧。

我想我能做到。我想我能做到。我想我能做到。

——引用自《勇敢的小火车头》

结　论

我曾尝试过两次混合健身①。第一次，我锻炼得筋疲力尽。我每周会去健身房 4 ～ 5 次，进行全面的锻炼，倾尽全力。刚加入不久，人们就对我肩膀的肌肉变化议论纷纷。我很努力，我的身体变化可以证明。

后来，我和妻子搬到了加州。工作逐渐步入正轨，于是我尝试再次进行混合健身，但我一直为自己的懒散寻找借口。我进步了一点，但还不足以引起人们的注意。我不太努力，我的身体变化也可以证明。

在第二次混合健身时，对于效果不佳，我可以责怪健身房，但事实只是我没有好好锻炼。

---

① 混合健身：一个源于美国的健身训练体系，与健美不同，它不以身体外型为主，不强调孤立肌肉训练，而是以获得特定的运动能力为目标。

你投入的越多，获得的就会越多。

在我多年的培训生涯中，有一点是不变的：我们的投入决定了回报。选择投资自己，如何？

从这里开始：1—2—3—准备

1.相信

相信自己是实践这 7 条策略的基础。肯定自己可以逐渐改变你的思维方式。

2.把它列入你的日程

拿出你的手机或规划簿，花一个小时制定一条策略，你必须把它列入日程。如果你正在浏览书中的这一部分，或在度假时读这本书，那么请暂停片刻。行动起来，本周就安排一段时间开始制定一条策略。不要推迟太久。

当你安排好这一小时后，确保自己投入进去，当然同时也要确保安排好实践下一条策略的时间。为了达到最好的效果，连续 5 天每天安排一个小时。毕竟，这就像在健身房锻炼一样：投入的越多，得到的就越多。

如果你现在有一个小时空闲时间，那就行动吧。让我们继续来到第 3 步！

3.选择一条策略

哪条策略最能引起你的共鸣？你需要马上着手实践哪一条呢？

（1）露出并清理伤口

（2）设想最糟糕的情况

（3）做你自己就好

（4）就像面对一个人演讲

（5）别把自己太当回事

（6）疏导你的能量

（7）学会享受当下

选择一条策略，花一小时练习。把书翻到你选择的那条策略所对应的章节，再读一遍。你会发现本书贯穿了 3 个方面：观点、准备和实践。

这 3 个部分应该交织在一起，这样可以让你的全身心都得到锻炼。改变你的观点就像是在加强你的核心和意志力；做准备就像是在加强你的基础，好比在健身房好好锻炼了一天腿一样；练习会让人们看到明显的效果，也就是男人想要让女人惊叹的上半身力量。

不要成为那种只在某一方面努力的女孩，不要成为那种跳过腿部锻炼的家伙。把 3 个部分交织在一起，好好锻炼一下自己。这 3 个领域都很关键：

（1）改变你的视角
（2）投入时间和精力做准备
（3）花时间练习

按照这 3 个步骤来实施策略。例如，如果你需要学习疏导你的能量，那么可以从下面这几步实践：

A——通过理解本章中讨论的能量流来改变你的观点。

B——寻找一些群体，面对他们进行练习或聘请一位教练帮助你做准备。通过练习韵律、节奏和停顿来为演讲做准备。

C——练习能量转移原则。在练习演讲期间，你可以通过锻炼或有计划地活动、移动来转移能量。

D——反复练习，直到掌握这条策略。

内化这些步骤

（1）相信自己

（2）把它列入你的日程

（3）选择一条策略

　　a. 改变你的观点

　　b. 投入时间和精力做准备

　　c. 花时间练习

反复练习，直到掌握这条策略

最后的鼓励

你能做到。

我做到了，我克服了恐惧。

其他人也做到了。我曾和很多与你有着共同困扰的人共事过，如今他们摆脱了恐惧。

开始做你需要做的事情，实现你想要实现的目标。也许你不会在短时间里消除恐惧，但恐惧会得到缓解。你将学会将紧张转化为正能量。你会做得很好，你一定会。

你能做到。

你再也不用生活在恐惧中。

致　谢

　　我要感谢我的客户、家人和朋友。

　　我很荣幸能辅导人们提升自己的领导力和事业、生活状态。当我努力帮助你变得更好时，你也让我变得更好了。感谢你们让我进入你们的生活，帮助你们提高技巧，并指导你们更好地前进。

　　我的妻子泰勒和儿子帕克斯顿每天早上都会留时间给我，好让我有空把课程录入电脑。每天清晨我在打字时，我经常会被咖啡、拥抱和想坐在我腿上的小家伙打断（我喜欢这种打断）。我爱你们！

　　感谢我们的朋友！我们爱这些年来参与的团体。对我们而言，你们很重要。谢谢你们不仅仅成为我们的朋友，更是我的家人、我的支持者、我的啦啦队长。致我们共同经历的岁月！